柑仔瀨

川中島

岸哩唭

楓港

角婆

縣城

利澤簡

流流社

咸菜硼

後山總圖

古貝耍

香蘭 莿桐 朴子

三貂角

臺灣全圖

永靖 風港 五結

溪平

gurban

南瀨

北投

關西

武丹坑

牡丹

sparan

鹽埕

元長 蕃薯寮

三重橋

苓苓腳

靜浦 豐濱

板橋

春陽 部落

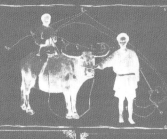

東山　金瓜石

猴硐

馬崗　瑯嶠

恆春

橫仔腳

平溪仔

梧棲菁桐　關西縣城

新營

虎尾寮　三房寮　下南片

瑞芳

新營　八煙　挖仔

魁港　望古

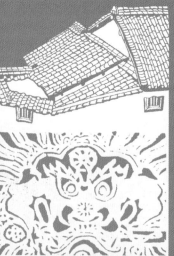

亡礦坑　合和村　姑爺里

綺麗港　奇力港　關帝廳

貓空

卯崗

霧社

好美里

仙草埔

老仔欄　古貝耍　哆囉嘓

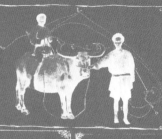

金瓜石 東山

猴硐

馬崗 琿嶠

恆春

平溪仔

樸仔腳

新營

梧棲菁桐 關西縣城

虎尾寮 下南片 三房寮

新營 八煙 挖仔

瑞芳

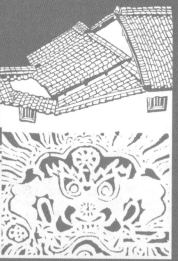

魁港

望古

綺麗港 奇力港 關帝廳

亡礦坑 合和村 姑爺里

貓空

卯崗

霧社社

好美里

仙草埔

荖仔欄 古貝耍 哆囉嘓

圖解台灣老地名

莊文松 著　　翁佳音 審定推薦

進入地理、歷史學科的竅門

也許有人不信,直到大學三年級,我最痛恨的功課,就是歷史與地理。這兩科,在我中學時常被教導成是記憶背誦的學科,要死記歷代帝王擴占疆土,以及大一統的典章制度;編年之外,又得死背中華大帝國廣袤、遙遠且陌生的眾省分,以及名山大澤跟物產。我學習不得要領,考試都在及格邊緣。但人生難料,我後來竟以歷史與地理為一技之長混口飯吃。中間轉折,當然與遇到好老師指點有關;另外一點,則與本書作者的經驗有些相似。我與作者一樣,於旅遊途中被各地的老地名魅力所吸引,從古今地名命名與變化的探討中,發現了竅門,可登入堂奧,聞見歷史與地理學科之趣味。

我先分享個人經驗。元代前的中國秦漢、魏晉宋等歷朝國名,主要是來自建國者故鄉。知道這個原理後,多少可瞭解東亞大帝國千年來的區域勢力變化,而非僅如鸚鵡學舌誦記斷爛朝報。再看台灣:荷蘭文獻中,台南,以及北部淡水有 Moordenaer rivier(謀殺者之溪／刣人溪)與 Moortkuil 或 Moordenaers kuylen(謀殺者之坑／刣人坑)地名,經研究,可推知是台南將軍溪;新北市八里區的「長道坑」,甚至是新竹新埔的「殺人窩」。「長道坑」與「斷頭坑 Tńg-thâu-kheⁿ」原本同音,地名居然暗藏著古時候族群殺戮的故事。

有趣的是，荷蘭本國也有「剮人坑 Moordkuil」，但這地名卻與殺人無關，而是原為爛泥（modder）之地。台北市北投有蘭雅社區，與蘭花幽雅無關，最初也是指爛泥之地的「濫仔（Lām-á）」。你看，老地名不能光看表面文字就直接解釋。因此，我多年來主張學術界應建造獨立的「地名科學」，也期待學院外專家繼續出版研究心得，互相攻錯。

　　《圖解台灣老地名》是我期待的作品之一，讀者可從作者分門別類與簡明扼要的圖解中，進入台灣地理與鄉土故事殿堂。說本書是一本極為通俗易懂的圖解型人文地理書，也不誇張，適合有心入門者使用。讀者可從中自我修習，發現問題與解答。最後，我用作者於自序提到他當兵時曾紮營屏東「餉潭」、他家鄉嘉義朴子有「猴樹港」老地名當結束語。這兩個舊地名，目前有種種解釋，歷史學之一的解釋是：要支付番餉之池潭，以及原本是猴子群聚玩耍的「猴嶼」水域。合理嗎？大家可繼續動腦筋，地名學就是這麼好玩。

2017.04.21

台灣老地名說了什麼？

　　80年代，常常搭乘火車或公車走往台灣的山海邊隅，去看不曾去過的許多小聚落。

　　有一年前往屏東，在公車站裡隨機選定一個小地名，再轉車前往。那是一個印象極深刻的地名，叫餉潭。是日正午抵達後，發現是一個靠山邊的小聚落，彼時可能有人家正辦喜宴，歡樂的那卡西樂聲響徹小村上空。再過些年入伍當兵，有一回部隊開拔往屏東下基地演習，為期二個月。當部隊卡車抵達目的地後，在一所小學預備紮營，當我不經意看見小學校名，內心一悚，那個小聚落就是餉潭。這是一個非常有趣的巧合。而，餉潭一帶居住著的是平埔族人。

　　因為生長在嘉南平原的一個小村落，童年極少走向山海，日後的台灣行腳都往山林或西岸海線的小鎮遊蕩，也因此許多地名便留下深刻的記憶。

　　當荒廢許久了行腳活動，再次決定開始邁出步伐，遂建立起用「一雙腳凸歸台灣」的壯志雄心，因為深信唯有步行，才能夠看清楚許多旅程被遺落的地方細節。但當真奔向東海岸台11線實際去履行理想時，才驚覺這不是件易事。然，儘管如蝸牛般的慢旅，許多路上的人事物卻被清楚地刻畫下來，被烙印在生命的地圖上。直到此回重新踏上老地名的踏查之

路，重走了許多曾到過的地方，也新來乍到更多未曾去過的陌生之境。好比霧社，已是多年前即去過的，而它在賽德克族的語言是「苦茶」，卻是此回才由族人邱建堂先生口中得知；又如老地名是「貓公」的豐濱，也是源於文殊蘭植物的存在而成為地名。愈深入訪晤原住民朋友，才了解到當年多僅為走馬看花，而原來地名簡中含納如此深沉的文化、歷史、語言等，這些不正是我們口口聲聲要尋找的所謂「文創」？而且是更具深度的在地化文創。

　　繞行了台灣許多地方，那些與我面對面談述故鄉事的在地人，每個人身上都背著一本無形之書，他們都是侃侃而談的故鄉說書人。在台南東山區的吉貝耍部落，親耳聆聽西拉雅族人潘龍山耆老在公廨前，用族語吟唱驅邪歌謠，那一刻，四周平原上的風幾乎屏息，唯有吟唱聲音回響在大地與天空。老地名瑯嶠的恆春古城裡，退休的張順興校長娓娓道敘，關於他長成的恆春半島的車城及就學移居的恆春鎮，以及曾經風靡一時的瓊麻產業，還有起源於恆春的民謠與月琴，這些文化目前已傳承至下一代了。嘉義故鄉的朴子市，老地名是猴樹港、樸仔腳，而接受訪談的是新一代文化工作者陳俊哲先生，目前戮力於復興與再生朴子文化的耕耘。從朴子在地史料的爬梳到老建物的保存，親力親為的他投身爭取有形無形資源，只為求朴子深厚的民間文化能再發散光與熱。在五結鄉的流流社前，受訪的是噶瑪蘭族的林天成先生，他非常了解自己的文化與存在。我們站在他經營的民宿前的舊河道馬路邊，他彎身撿起一塊石頭，在水泥地上畫出族人從前傍水生活的河道樣子，重現現在淤塞河道前的美好風景，真

令人感動。當他提及他的已故族人偕萬來先生時，霎時間我憶起多年前，初涉平埔族文化、書寫關於長濱（加走灣）時，即讀及關於致力於正名運動的偕萬來先生說過的一句話：「一個人也是一個族群。」如斯悲壯。

老地名確實充滿難以言喻的魅力，有時其沿革讀來、寫來，就像一部短篇歷史小說一樣精彩，其中瀰漫著老台灣的泥土味道。

儘管台灣目前處於眾聲喧譁的社會氛圍，但民間各地的力量正悄悄凝聚崛起，大家深耕自己的成長在地歷史，重建失落太久的社區意識，也期許政府等相關單位拉大家一把，給下一輪子民擁有更實質的文化盛世，而不只是備忘。

莊文松

2017.02

目次

推薦序 ——進入地理、歷史學科的竅門／翁佳音　　p- 006

自序——台灣老地名說了什麼？　　p- 008

[一覽就懂] 從台灣古地圖看地名演變　　p- 014

導言：老台灣古地名的身世密碼　　p- 018

參考書目　p- 262

移民世界

三貂角　牡丹里　好美里

來自移民開拓史蹟的地名身世 p- 028

◎西班牙人 Santiago 的呼喚——三貂角（Santiago）　p- 032

◎淘金採煤武丹坑——牡丹里　p- 042

◎倒風內海到魍港——好美里（Wanckan）　p- 050

人文史蹟

五結　板橋　元長　新營

連結在地人文活動的地名身世 p- 058

◎作伙打拚來結圍——五結　p- 062

◎在水一方過溝橋——板橋　p- 074

◎圈圍成掌的白沙墩——元長　p- 082

◎鄭成功屯營之所——新營　p- 090

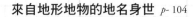

地理大觀

關西 梧棲 哄哩岸
靜浦 八煙 平溪

來自地形地物的地名身世 *p-104*

◎秀姑巒溪的大港口──靜浦 *p-108*

◎行過三重橋泡湯去──八煙 *p-116*

◎露出溪水看見石底──平溪 *p-124*

◎客家人開墾鹹菜甕──關西 *p-130*

◎季風吹到五叉港──梧棲 *p-140*

◎大台北海灣處──哄哩岸 *p-148*

生物奇觀

猴硐

來自生物奇觀的地名身世 *p-156*

◎從猴洞到貓村──猴硐 *p-160*

植物百科

霧社 豐濱 朴子 吉貝耍

來自台灣植物的地名身世 *p-166*

◎雲霧中的苦楝與緋櫻──霧社 *p-170*

◎日出・飛魚・貓公草──豐濱 *p-182*

◎樸仔樹下的庇佑──朴子 *p-188*

◎斑芝花開番社庄──吉貝耍（Kabua-Swa） *p-198*

產業百科

金瓜石 望古 鹽埕

寶島產業百科的地名身世 *p-206*
◎產金的石頭如金瓜──金瓜石 *p-210*
◎遙望原鄉的古村──望古 *p-218*
◎晒鹽的大埕──鹽埕 *p-222*

四季氣候

楓港 恆春

四季幻化的地名身世 *p-228*
◎落山風起時的港澳──楓港 *p-232*
◎四季恆常如春──恆春 *p-240*

家族血緣

永靖

移民新天地的地名身世 *p-250*
◎永久平靖之地──永靖 *p-254*

[一覽就懂] 從台灣古地圖看地名演變

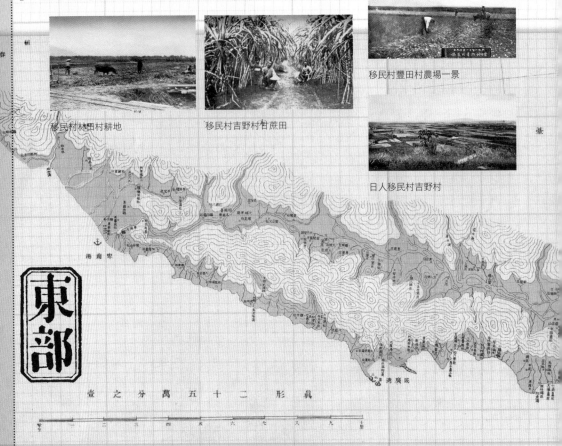

移民村豐田村農場一景

移民村林田村耕地

移民村吉野村甘蔗田

日人移民村吉野村

東部

壹之分萬五十二形眞

早期阿美族婦女以頭頂運水

阿美族舞蹈

卑南族少年會所，是部落青少年接受教育的場所

　　1885 年清朝廷設台灣省後，1888 年於水尾設駐直隸知州，原卑南廳舊治設州同一員，花蓮港則增設州判一員，但此年即爆發大庄事件，清朝廷除了派兵增援，更調動兩艘北洋艦隊巡洋艦砲轟卑南，水兵更進行登陸作戰，事件後年底，台東正式設立台東直隸州，草創時期轄下行政區分五鄉九堡，有南鄉：以卑南為中心；廣鄉：以成廣澳為中心；新鄉：以新開園莊為中心；奉鄉：以拔仔莊為中心；蓮鄉：花蓮溪以北至新城一帶。鄉堡之下的人口與聚落另有原住民的社與漢人的莊。〈**台東直隸州後山全圖**〉出現的時空背景就在設州後，不過整體風格看來仍延續天圓地方的觀念與計里畫方的格局。惜台東直隸州未及設縣即割讓日本。

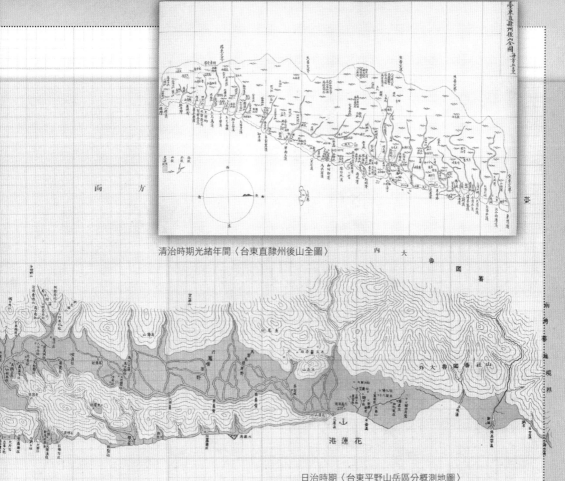

清治時期光緒年間〈台東直隸州後山全圖〉

日治時期〈台東平野山岳區分概測地圖〉

日治時期盛裝的阿美族人

蘭嶼達悟族人

蘭嶼達悟族傳統住屋

　　1895 年日人領台後，隨軍渡台的博物學家田代安定在很短時間內的 1896 年 8 月及 1900 年 3 月兩度踏查台東，當時原住民各社與漢人各莊所在地、戶數與分布狀況等，都詳載在〈台東平野山岳區分概測地圖〉（收錄於 1900 年〈台東殖民地豫察報文〉）中。不到二十年的光景，兩個政權交替後的地圖，不論精確與否，都是治理者透過測繪土地與人口調查來確立國家的統治權力，除了莊與社的消長，地名的更易也能看出族群與土地的發展變動，若與現代地圖互相參照，更有滄海桑田之感。

竹子湖頂湖地區蓬萊米原種田

日治時期台灣農家舂米一景

潮州老埤鳳梨農場

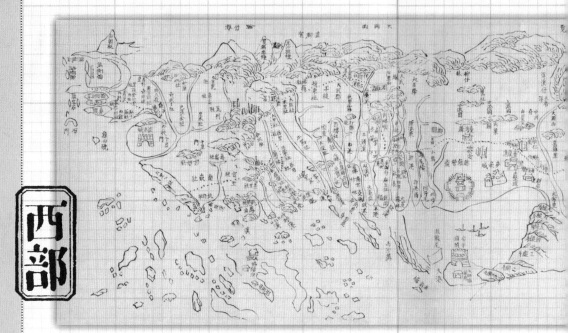

清治時期康熙年間《重修台灣府志》台灣府總圖

日治時期大板埒捕鯨場，今恆春南灣

鹽田風光

蔗田風光

　　清治時期的台灣古地圖所見西部平原，焦點往往瑟縮集中至台南地區，彷彿台灣全島的重心就位在府城，康熙年間修纂《重修台灣府志》中的〈**台灣府總圖**〉即其一例。彼時台灣入清版圖已超過三十年，對於台灣仍無整體形象，對於島上的一切「至若深山之中，轍跡罕到。其間人形獸面、鳥啄鳥嘴、鹿豕猴獐，涵淹卵育；魑魅魍魎、山妖水怪，亦時出沒焉。則又別一世界也。」如此想像中的台灣，也難怪古地圖看起來奇形又怪狀了。至於地方雜記描述如「鳳芋」變鳳凰的怪奇之物，「鳳山縣大呂覓山上，相傳大呂覓番原居此山。有芋一叢，高丈餘；月將出時，有二物如鳳凰，從芋下奮翩振羽，騰飛戾天。其番驚怪，始移居社內云。」或如澎湖的「魚怪」：「有一物狀如鱷魚，長四、五尺，步沙而上，鳴聲嗚嗚。居民以楮錢送之下海，是夜登岸死焉。」此等奇譚也就不足為怪了。

日治時期煤炭揀選女工

採茶風景

阿里山神木

日治時期苗栗天然瓦斯油井

林投帽製成品

日治時期煤礦坑口運煤列車

以林投樹為原料編織林投帽

1930 年代呈現台灣物產之地圖

　　1930 年代以後，台灣總督府透過舉辦臨時產業調查會、熱帶產業調查會及各項工業計畫書的調查成果，逐步實施戰時的生產擴充政策，舉凡農業的生產、加工、貿易與試驗；林業調查及計畫、造林與伐木事業、林業試驗等；水產業如漁業與養殖業經濟；礦業的調查與採掘；工商業現況；特殊產業與專賣事業等等皆有詳密的掌握，在各項產業的生產中，地方特色物產的標註勿寧是較為貼近生活的一幅浮世繪，如此圖以鳥瞰的角度遍覽全島山海與交通，再以極為鮮明的色彩提點各地方的重點物產，這樣的繪圖方式並非以精確見長，而是另一種帶有插畫趣味的台灣全島圖，各地地名反而少於名產項目，其目的也因此一覽無遺。

老台灣古地名的身世密碼

　　透過地名，人類一方面對地表空間建構出次序性與親近感，另一方面也反映出其特有的文化價值觀。……國際社會的殖民與去殖民過程，或國家對少數民族的人權／文化權信念等討論，地名的變動往往展示空間權力象徵之所在。

　　　　　　　　　　——國立東華大學鄉土文化學系教授　康德培

地名演變與住民文化

　　台灣老地名充斥著族群歷史演進中，關於政治、移民、被殖民者等因素與符號，屢屢造成地名更迭的肇因。自平埔、高山原住民族到西、荷、漢、日等他族殖民台灣島嶼，致使台灣島上各地方地名，自古至今，或外力、或歷史斷裂、或政治因素而重組等緣故，終成為我們今日所見諸多或者不能自主的異趣，以及終成死語之音譯而飽含背後故事與其意義之地名。

　　綜觀台灣土地上的原民，就平埔族群而言，自台灣頭到台灣尾，幾乎遍布平埔族的社名遺跡。平埔族人的生活形態以結社成為社會，許多地名自然以他們遺留的社址命名，他們跟高山族人一樣沒有文字載錄，唯能以譯音記錄之。其次，高山族群地名的存在，在於他們以獨特的山林大地之物種以及土地形貌等特色，作為地名的命名依據，這是最符合人類天性的自然反射。無論是地理、花卉皆可入名，因為這是與人類生活文化息息相關的元素。

平埔族的拜壺祭祀

地圖中沙鹿、清水地區可見平埔社舊社名沙轆社與牛罵頭社

語文與地名

　　學者翁佳音[①]述及西班牙人統治過台灣的許多地區，如淡水、雞籠（基隆）、宜蘭、花蓮等地，都因統治者西班牙人的身分而改成西班牙語風的地名，例如三貂角、野柳、哆囉滿等地名；倘若自歷史面向與脈絡去勘掘，進一步推論蘇澳可能亦然。當論及地名的重要性與異動的諸多因素時，翁佳音也表示：「地名解析與研究，牽涉到地理學的自然、人文地理，也涉及語言學之構詞、語音，以及語義、文字學等，進而與文獻學、時代脈絡等歷史學關係密切，嚴格說來，這確實是一門獨立學問，應與其他學科並駕齊驅。」事實的確如此，老地名考究起來牽涉的層面廣泛，非得依賴各專業領域共同尋求解答不可。

　　又如學者黃雯娟[②]研究番社地名指稱，番字的地名大致區分出人物類型，如番婆、番仔等；聚落類型有社、寮等；土地類型有園、林等；地形類型則包括埔、澳、洞等；設施類型，

西班牙人遺留殘破的聖薩爾瓦多城

台南赤崁樓

淡水紅毛城

則是溝、埤、井等。而關於「社」的分布，在日治時期的資料蒐羅中，台北州六十三社、新竹州十六社、台中州三十七社、台南州十四社、高雄州八社。舉例而言，從平埔族與高山族原住民以番、社等字眼遺下的地名，如平埔族稱呼今雲林縣斗南鎮為他里霧社，以及舊社里的舊社等；甚至也有以頭目命名之，如後壠社的烏眉酋長的烏眉；而在高山族人的語言裡，如新北市烏來本意是「溫泉」，台東縣的知本是「崖」的意思，南投縣羅娜則為「平坦沃地」，花蓮縣的奇密是植物「蟹草」，鶴岡是「烏雅」（豆名）等。

治理與命名

荷治時期的台灣地名，當時原住民族與社名皆被以羅馬拼音直譯。

明鄭時期鄭成功抵台後創設屯田制度，因而有了鎮、營等地名，如左鎮、新營等。

日治時期，約於 1906 至 1935 年間，更動的地名較多屬於日本的移民村名，亦即日人欲「內地化」，這些地名多蜩

集在東部，例如瑞穗、舞鶴、鶴岡、池上等，西部則有屏東縣的竹田等。學者吳育臻論及台灣西部的日式地名成因主要是市街改名町制所出現的日式地名，此為都市內部的小空間範圍名稱；1920年（大正9）的日式地名涵蓋空間較廣，多為街庄行政區名的更動，也是普遍將三個字的地名改為二個字的時期，如水返腳改成汐止，鶯歌石改成鶯歌，草鞋墩改成草屯，林仔邊改成林邊等。而以街庄級的命名與日治時期的「內地延長主義有關」（時任總督為田健治郎），例如1920年澎湖的馬公街（原名媽宮街）。

日治時期豐田移民指導所

日治時期豐田小學校

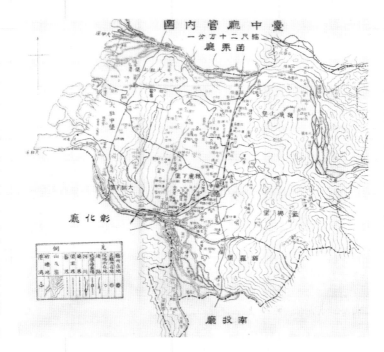

移民與拓墾

台灣拓荒時期，閩、粵的聚落地名多與居住地域環境相關。如早年閩人聚落的集村現象，就是為阻止外武和盜匪，遂栽植莿竹成籬作為防禦，也因此出現了諸多竹仔腳的相同地名，而且一開始多為單姓氏聚落，如陳竹仔腳等稱謂並作為與他處重疊的地名分野。甚至集合成莊的因素，可能係當時同一宗族集體渡台開墾之地方，因此出現了如劉姓的劉厝地名等。又例如屏東長興庄集村聚落內的長興、麟洛、番子寮等，扮演著血緣集村極大的特色之一。粵人的居地名稱，大抵也跟族群拓墾與居住的土地環境有關，遂成就了如中壢、

汶水、三洽水等地名。另以嘉義市郊早年以農拓墾時期為例，清治時期，與水體、水文相關者之地名則有過溝仔、埤斗等；與動植物有關聯者的地名則有鹿寮、拔仔林等。

　　日治時期，與移民者相關者的地名則有自海口地區遷徙過來的海口寮仔，以及自台南安平來的台南寮仔等；和職業有關聯地名者則有牛車寮仔。民國以後，多以眷村及國宅命名，例如精忠一村、忠孝國宅等。

　　當墾荒的人口迅速膨脹，土地必須重新配置，於是發展出有埔、股、份等聚落之名，如三重埔、九份等。台灣因具備特殊而豐饒的地形地貌，遍布島嶼各處的壯觀規模，也造就了移民的漢人就地命名，以尖、崁、崙、坪、湖、鼻等地緣之故而命名者，如大溪崁（今桃園大溪）、雲林縣四湖等，形成台灣地名的多元與豐富。甚或氣候也影響了地名的產生，例如楓港等地。

　　台灣同名地名，也是一個值得探索的有趣現象。學者吳進喜[3]在台灣堡圖的研究中，援引陳正祥在 1950 年的調查數據，統計出全台四十二個新庄和新莊，三十九個山腳和山子腳，二十九個溪州，二十八個三塊厝，二十六個公館和公館子，二十三個竹圍子，二十一個尖山，二十個番子

水牛耕田是最常見的農業活動

寮，十七個水尾，十五個橋頭和橋子頭，十四個牛埔，十二個觀音山，十個土庫，九個田尾，八個田中央，七個石門，六個東勢，五個坑子內，四個木柵，三個茅子埔等。吳進喜思索台灣同地名的重複率之高，建議可以自地名的命名起源尋找原因。

台灣地名的身世密碼

　　台灣地名的演變，學者康德培於文本上記載諸多的參考因素，若以自然環境涵蓋者有：地形、地點、方位、排序、大小規模、樣貌型態、氣候、動植物、礦物等項；若以人文環境區分則包括：交替聚落、原住民譯音、異族統治及外來語譯音、閩粵移民、姓氏血緣聚落、拓墾、交通、建築物、紀念事蹟、產業、政治、演化、神仙傳說等。傳說所衍生的地名，與宗教信仰、民間風俗、集體意識等元素揉合於地名中，故而延伸更多虛幻與現實的地名想像空間。傳說成就的地名，常常因某一件事、人物、歷史、城池……，或紀念塔、石碑等，也因為宗教信仰與萬物泛靈的觀念深植於庶民內心，神仙傳說遂以非自然的形式述說宇宙萬物之變。舉例而言，澎湖的員貝和鳥嶼的傳說，據傳每當夜幕低垂、萬籟俱寂之

時，員貝和鳥嶼這兩座島嶼就會相連直到日出方分開。本來員貝和鳥嶼是一對戀人，後來被海盜用砲轟打而死，從此再也無法在一起。諸如此類的神仙傳說，在台灣島上不勝枚舉。又例如台東市成功鎮原住民的施龜彌映、北投小坪頂，以及彰化縣埔鹽鄉打廉村等，皆充滿民間傳說濃厚的迷人色彩。

康培德探討並舉例《劍橋英格蘭地名字典》裡的地名字根與地名起源的脣齒依附之關係，他說：「這些地名分布圖，係結合了歷史學、地理學以及語言學等不同學科旨趣。」以及：「雖然地理學者在從事地名研究時，一般多將地名視為文化產物（culture artifacts），……透過地名作為線索，讓我們掌握老聚落的位置、特定人群遷移的方向與年代、地方的原始植物相、當地人的環境視覺、民俗文化的地理分布範圍、甚至是政治意識的變化等。」④

學者洪敏麟也述及：「台灣島上從過去到現在，至少有七大類的不同語言的人棲息，或稱原著稱他來，或是移民，或是殖民，各依其需要，以各自的語言來命名指標空間的自然物形貌。」⑤

台灣島嶼歷史的厚度與時間的縱深，儘管只積累數百之年，然而，我們怎能不為這些大小地名的變化而感動？這是台灣土地上土生土長的人們共同擁有的記憶，以及奮力生活所留下的重要印記。自這些錯綜

北迴歸線碑

的老地名裡，我們可以抽絲剝繭出台灣地理與人文的歷史演化，以及前人走過的深淺足跡。這也是我們認識家鄉的方式之一，因為這些可能被忽略而視之無足輕重的老地名，事實上卻是與我們最親近的共生者，它們與土地相互依附存在，標註著庶民的生活氣味與傳承密碼。走訪過部落與城鄉，不論是在場或不在場的人，每一個在地人都是家鄉土地最佳的說書人，大家都認真地活出自己的時代。他們道出對台灣最樸素與真實的情感，這也是老地名最令人動容的人文幅員無垠與遼闊的延伸。

安平古堡碑

乾隆御製石碑

註釋

① ——翁佳音、曹銘宗，《大灣大員福爾摩沙：從葡萄牙航海日誌、荷西地圖、清日文獻 尋找台灣地名真相》台北：貓頭鷹，2016 年 1 月。

② ——黃雯娟，〈台灣「番」與「社」字地名的空間分布特性與意涵——地名作為歷史地理研究的線索初探〉，《臺灣地名研究成果學術研討會國史館臺灣文獻館六十週年系列活動》，南投：國史館臺灣文獻館，2008，頁 57-90。

③ ——吳進喜，〈臺灣的同名地名——以臺灣堡圖為中心〉，《臺灣地名研究成果學術研討會論文集》，南投：國史館臺灣文獻館，2008。

④ ——康培德，〈尺度、空間與景觀——地名研究的回顧與展望〉，《臺灣地名研究成果學術研討會論文集》，南投：國史館臺灣文獻館，2008，頁 11-23。

⑤ ——洪敏麟，〈臺灣地名之多樣性與稀有地名之探討〉，《臺灣地名研究成果學術研討會論文集》，南投：國史館臺灣文獻館，2008，頁 1-10。

移民世界

林田神社

紅毛城

來自移民開拓史蹟的地名身世

　　經歷了荷蘭、西班牙、日本等異邦的殖民與統治，台灣島嶼上除了原住民族自身命名的地名外，許多當時候殖民時期留下的地名，也是歷歷可數。

　　就啟程從原住民的地名開始探源去吧。

　　今日所見平地許多的地名，有多數是由平埔族人所留下的，學者黃雯娟曾就「番」與「社」字，做一番地名的空間分布解析。當地名含有番或社字，多半涉及平埔和高山族的聚落單位，例如「社寮」、「社頭」。以漢人聚落而言，多半是成「庄」的聚落，而當漢人與平埔族人的形勢扭轉，平埔族社多被轉移成漢人的聚落，然而，許多時候即使是漢人的村庄，卻仍留下原住民的社址名。以噶瑪蘭族的社名對照，「珍珠里簡」即現今冬山鄉珍珠村，「武淵社」即今日冬山鄉武淵村，羅東地名則來自加禮宛社人稱猴子為「老董」的雅致諧音。

　　再以凱達格蘭族人於北台灣留下的地名為例，有現在大家日常仍稱「艋舺」的萬華，而艋舺即是大加蚋堡地區平埔族駕小船、獨木舟與漢人交易之地，也是平埔族人稱呼的「獨木舟」；而北投就是從前的北投社，

大員熱蘭遮城殘存

在平埔族語裡，有女巫之意。其他平埔族有：道卡斯族吞霄
社，即現在的苗栗縣通霄鎮、後壠社的苗栗縣後龍鎮、大甲
社的台中市大甲區等。而除了番與社，許多平埔族的社址也
成為漢人的居住地，例如巴布薩族的半線社為現今彰化市（舊
名為半線街）、西拉雅的噍吧哖社現為台南市玉井區，而
屏東市原是鳳山八社的阿猴社（鳳山八社屬馬卡道族），「哆
囉滿」則是泰雅族人稱花蓮縣新城鄉一帶的地名，為漢人後
譯，原名是太魯宛。

　　高山族人則有泰雅族的「Urai（烏來）」，其意為溫泉；
布農族的「Naniakaban（羅娜）」，意思是平坦沃地。

　　1624 年荷蘭人據台，率先建了熱蘭遮城，爾後又建築「紅
毛樓」，也就是赤崁樓。1626 年西班牙人則在今基隆和平島
上建立了聖薩爾瓦多城，於後又在淡水興建聖多明哥城，就
位在現今的紅毛城原址。由於漢人稱荷蘭與西班牙人為「紅
毛」，因此有許多諸如紅毛城、紅毛井、紅毛埤、紅毛港等
地名。

　　日治時期，許多地名歷經數次異動更改，如最早是 1896
年（明治 29）的媽宮街改稱馬公街。1920 年（大正 9）也是

平埔族手印

街庄級地名更改最多的一年，如台北州：水返腳改為汐止，錫口改為松山，金包里改為金山，叭哩沙改成三星，新庄改成新莊等；新竹州：咸菜硼改為關西，大嵙崁改成大溪等；台中州：大里杙改為大里，茄苳腳改成花壇，林圯埔改成竹山等；台南州：店仔口改成白河，他里霧改成斗南，樸仔腳改成朴子等；高雄州：打狗改為高雄，阿公店改成岡山，瀰濃改為美濃等。

　　1911年（明治44），日本針對台灣東部花蓮港廳和台東廳，除庄、社，共新增十五個「村」。1920年去掉庄、社，保留移民村的「村」。從較早的《官營移民事業報告書》（1919）可知過去移民村共命名了十五個，且每個移民村都附上命名的理由。例如，七腳川改名吉野村，理由是這裡的移民大部分來自吉野川沿岸住民；鹿寮改為鹿野村，理由是取原來的鹿字再加上原野的野字；鳳林改為林田村，理由是附近有大片平地林，而且多水田；璞石閣改成玉里，或將舊庄改名長良，有平和發展之意，對母國人民而言較為親切。

　　日治時期的西部台灣地名區分成都市町名及街庄之差別，緣於彼時的總督府為了撫慰日本內地移民的農民，欲將東台灣建設成日本人的新故鄉，因此充滿東洋風味的地名，幾乎係自日本移植而來。

豐田山下圳道

西班牙人 Santiago 的呼喚——三貂角（Santiago）

貢寮區位於新北市的東北角，東方瀕臨太平洋，南端與宜蘭縣頭城鎮接壤，是新北市最東的一區。

從福隆往宜蘭方向約五公里處公路的海岸小漁村，是靠養殖和捕魚維生的聚落。

若鳥瞰台灣島南北方向位置，馬崗村落實際上位在台灣最東端，也是迎接日出的好地點。聚落裡石花菜是一大特產，而寬廣的海蝕平台潮間帶則讓小漁村有了廣闊的舞台。過了馬崗，三貂角燈塔就不遠了。

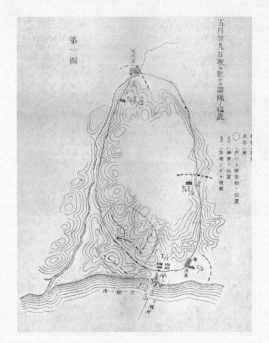

日軍領台登陸澳底之一地圖

日治初期之澳底灣

三貂角燈塔

卯澳社區傳統石頭屋群

馬崗街全景

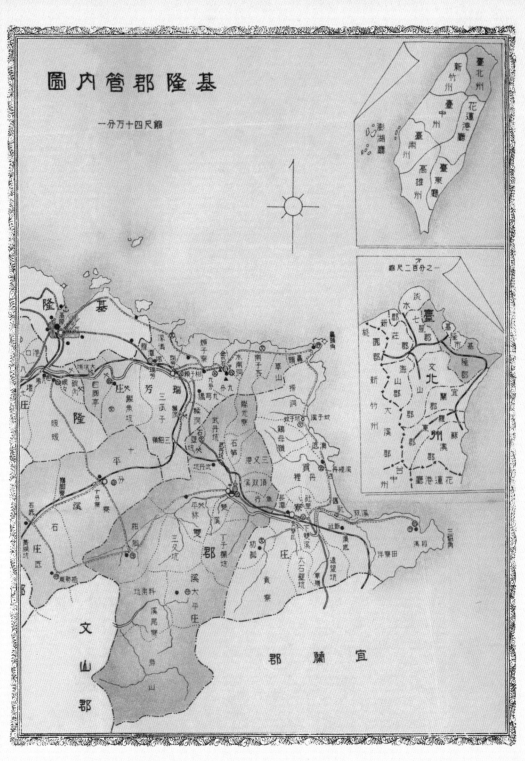

基隆郡管內圖

縮尺四十万分一

三貂角地名由來：據傳明朝天啟六年（西元一六二六年）西班牙船艦由菲律賓開抵台灣東北角海域，因不詳地名，為便於航海日誌，便以拉丁文命地為 San Tiago。這是西班牙人習慣以聖（聖地牙哥）為閩頭，為外國人最早對台灣東北角之記錄。早期本地先民以此譯為閩南語音「三貂」，「三貂」地形是最東北部的岬角，故而得名「三貂角」。

卯澳地名由來：有多種說法一由海上船觀看這個灣澳，其左為萊萊山右為荖蘭山，中間是凹入的灣澳，內有三條小溪匯集，形似卯字，故名卯澳。二位於卯鼻尖之下（卯鯉尖即老蘭）的灣澳故名為卯澳。三平埔族的翻譯者卯澳是平埔族捕魚的船。四每天太陽東昇，日出時間大約在清晨五七時，即是所謂的卯時因此得名。

西元二〇一六年六月吉日

蕭碧輝敬書

三貂角

　　傳說 1626 年西班牙艦隊遠行至今日三貂角處，目擊一巍峨的山形似貂，有名叫 Santiago 的士兵隨口呼喚，這個岬角從此就用他的名字起名「Santiago」，也就是今天的三貂角。西班牙統治時期，三貂角的平埔族人亦改稱此地為「kiwannoan」（基瓦諾灣）。貢寮地區是凱達格蘭平埔族三貂社的生活場域，此地是他們狩獵的獵場，稱為「KONA」。據傳是平埔族人為了捕捉山豬等獵物所設置的陷阱，而平埔族人為了守候獵物，就在陷阱附近搭設草寮仔，於是，後來的漢人遂將「KONA」音譯為「槓仔」寮。學者詹素娟在〈地域社群的概念與檢驗——以金包里社為例〉述及，在荷蘭戶口表裡的調查，漢譯的三貂社（St. Jago）人口落在三到四百人之間，但如果對照遺址分布的現象，三貂社不是一個人口集聚的單一大

部落，而是呈現分布的狀態。

　　1815 年清治嘉慶年間的土地文書中，就有記載「檳仔寮」的地名。1920 年日治時期復將檳仔寮行政區名改名為「貢寮庄」，直到戰後改稱為「貢寮鄉」。2010 年 12 月 25 日台北縣升格為新北市，貢寮鄉再改為貢寮區。

三貂角燈塔

高 16.5 公尺的三貂角燈塔，素有「台灣的眼睛」美名。1935 年由日本人建造，它的燈泡材質為進口的水晶玻璃。塔身在二次大戰時慘遭炸損，於 1946 年修復。

三貂角燈塔

卯澳

　　自福隆沿台 2 線的單車道騎往宜蘭方向，行約五公里就可抵達貢寮區福連里的卯澳聚落。在朝北騎乘單車往馬崗的路上，一度誤看指標而騎岔了路，荒煙小徑不見人跡。一路騎到盡頭看見廢棄物和漂流木，當下才驚覺走上歧路，待沿路而返的時候，前頭有一人全身著浮潛裝備剛上岸，正要往回走。靠海的居民，百年來端賴養殖和捕魚維生，而卯澳灣的水質清澈，素有「浮潛天堂」的美譽。

　　古地名原「泖澳」的卯澳，位居洋寮鼻和大小香蘭之間。走入大香蘭社區，請教當地居民才知曉原來自福隆一路過來，

馬崗街是鐵馬步道的一站

這條靠北邊的溪流是卯澳社區地名由來之一

大香蘭海邊

先遇上的是小香蘭，接著是香蘭，而這傍海的社區就是大香蘭，三個香蘭老地名居民合稱為「荖仔欄」。地名由來一說是平埔族三貂社的語言，但不知其意；也有一說是漢人到此時，常受平埔族襲擾，拓荒的居民遂架設柵欄防禦，所以稱為荖欄。日治時期，荖欄改名老蘭，戰後民國時代，遂改名香蘭。

1897 年日人土屋重雄編著《台灣事情一班》，內即有記載福連地名。民國以後，福連即定為村名，卯澳聚落則隸屬福連里。卯澳背山面海，地理落在三貂角之西，右有萊萊山簇擁著，荖蘭山則矗立在左，卯澳後方的山巒形狀像一隻兔子的耳朵，因山形成的天然灣澳，以及三條在卯澳村落匯流的山溪，據說如果登高俯瞰灣澳，它的地形宛如一個「卯」字，卯澳遂因此得名。另有說法，卯澳北方的灣澳，在 1626 年西班牙人抵達的時候，看見這一個似三角型斗灣的地方才脫口而出「Santiago」，遂成為今日的三貂角之名。

學者翁佳音與曹銘宗從《淡水廳志》中記載的「卯鼻」（亦即台語稱呼的岬角之意）探索，述及它的命名與「卯澳」較為貼近。文獻中的「卯鼻」至早寫為「泖鼻」、「卯里鼻」，說地形有如象的鼻子伸展入海，並形成天然扼要地形。卯字的發音近 Mauh，形容此處凹灣的地形。而三貂角之岬角是淡水、宜蘭外海航行重要的天然交通標誌，故稱之「卯鼻」，位於左邊的海灣就是「卯澳」。

清乾隆中葉，最初開墾三貂社（今貢寮里）的漢人據傳為吳文芳一族，於此之後，漢人陸續從基隆翻山越嶺而來，走三貂古道進入三貂社移墾，小聚落群因而逐漸成形。卯澳

聚落的家屋沿著斜坡建築，這裡仍保留幾棟石頭建築的屋子，社區有廟宇、福連國小、防風林等。以福隆為中心的自行車道路網，北至鹽寮，南達石城，全長有十餘公里，卯澳即為其中一處可放鬆遊行的休憩驛站，近年來卯澳更被推舉為「低度開發」與「低碳旅遊」之社區。

馬崗

走出卯澳再往東北角前行，即進入馬崗社區，進入社區前，路旁立有一顆大石頭上頭寫著「馬崗社區」。

在社區第一個遇見的人，是手握木杵敲搗一堆堆像乾燥草堆的社區媽媽，今年六十二歲的她手裡敲打的是馬崗地區的特產——石花。石花菜的盛產期在每年的三至五月，據居民說採收的方式就是要「藏」（潛）進去海底，社區媽媽現在年紀大了，已不「藏」了。她十三、四歲就學會潛水採石花，直到五十幾歲退休便不再下水。每個月農曆初一和十五是海水漲退潮，漲潮時就可潛水採收。採收上來的石花菜是深紅色的，經過六次淡水反覆清洗和曝晒，就呈現出金黃色石花菜，看著石花由紅翻黃似乎理所當然，殊不知這是一段得經過老長時間的過程。石花晒乾後會有人來收購，價格自去年稍稍好轉，她說：「物價一直漲，只有海邊的東西不漲。」

社區媽媽一邊講話一邊敲打，用意是要把不良的石花菜打掉。馬崗本地盛產的海產，還包括海膽、馬糞螺、野生蚵，其他就是石花、茶米菜、紫菜等特產。茶米菜的盛產期在一至三月，紫菜產期則是在冬季末。

曾經也是海女的社區媽媽

馬崗街以吉和宮為信仰中心，廟埕布滿曝曬的石花菜特產

馬崗約住有四十餘戶居民，全靠海吃海，捕魚維生。社區媽媽現在的住家，從前還是海濱野地，滿是林投樹。本來住在靠近台2線的她，二十幾年前才搬到靠漁港的現址建屋，從前約莫三十戶人家在此生活，共同引用一道山泉水。

馬崗早年交通不便，當地居民必須駕駛自己的小船去福隆轉搭火車，搭船地點在現在的內港，昔日還只是個小碼頭。也因靠近軍營，所以也搭兵仔車出入，後來台2線竣工以後，方有國光號出現。直到今天，家家戶戶都有自己的汽車代步，生活景象已不可同日而語。

馬崗地名的來由，有兩種說法傳云：一是因為延續卯澳的綿亙山巒直到馬崗，到此的山地地形愈形高聳，早年稱卯崗，戰後因為訛傳緣故，遂化音成馬崗；另一說法與平埔族凱達格蘭的巴賽族之巴賽語有關，但具有何意義儼然不可考據。

穿行馬崗街上，這裡跟卯澳一樣，仍舊留下早年用海濱的卵石疊蓋而成的家屋，有些完好，有些則早已頹圮。街巷

有些人家甫自海裡撈捕石花菜回來，空氣裡瀰漫著海的鹹腥味。穿過台2線，往山的那頭去，爬石階登高，盡頭就是三貂角的燈塔，還有墓地。站在高處望向東方，便可見台灣的極東岬角，亦即名符其實的三貂角。

馬崗潮間帶

馬崗潮間帶生態豐沛，百餘公尺的水域裡海蝕平台上，除了有豐盛的別名海萵苣、缺盆菜的石蓴、綠藻外，潮池生態更可尋見眾多螺類與蟹，如海葵、蜑螺、鐘螺、珠螺、海兔、寄居蟹和螃蟹等，甚為可觀。而，珊瑚  藻、海葵、藤壺和海鞘等生物也布滿在低潮帶。此地堪稱台灣最適宜親近與觀察學習的海洋生態區域。

馬崗社區內以卵石建築的石頭屋

淘金採煤武丹坑——牡丹里

位在新北市東方的雙溪區，境內有牡丹溪和平林溪二溪交會。四面環山的雙溪區，東邊隔山與貢寮區、頭城鎮為鄰，西邊越山後則是瑞芳區、平溪區、坪林區，南邊與頭城鎮毗鄰，北邊亦與瑞芳區銜連寮。

1836 年《淡水廳志稿》記載本區內有燦光寮庄、武丹坑庄、頂雙溪庄、魚桁仔庄等，屬淡水廳芝蘭保，其中頂雙溪庄為今日的雙溪區，武丹坑庄即今日的牡丹里。

牡丹里處於雙溪的北方，東方是三貂村，東北方是和美里、美豐里，西南有三港里、新基里及雙溪里三個里，北與瑞芳區相鄰。

1910 年代武丹坑全景

1910 年代武丹坑發電所

水質清澈的牡丹溪，曾因煤礦而成黑水溝

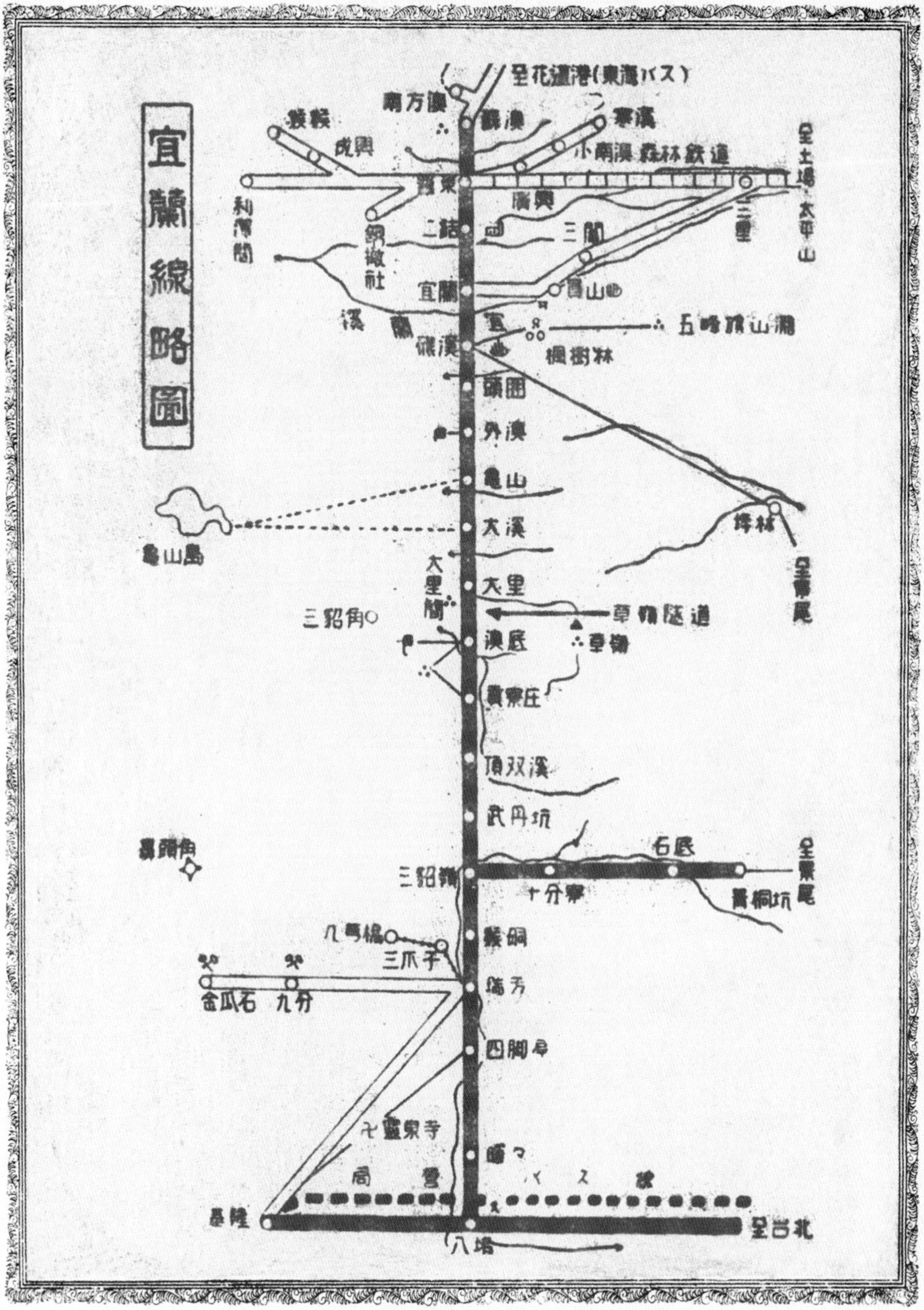

宜蘭線略圖

至花蓮港(東海バス)

南方澳　鶴漢　濩溪

蘇澳　成興　　　小南澳　森杯鐵道

羅東　勝興　　　　　　　至土場·太平山

利澤簡　二結　　三閒　　　三星

鋼澂社

宜蘭　冬山山

溪蘭　宜雪　五略頂山湖

礁溪　　桐樹林

頭圍

外澳

龜山

大溪

龜山島

大里簡　大里

三貂角　　　草嶺隧道

澳底　　草嶺　至番尾

蕢寮庄

頂双溪

武丹坑

石底

三貂嶺　　　　　　　　　至景尾

喜蹟角　　十分寮　菁桐坑

礦硐

八暮橋

三爪子　瑞芳

金瓜石　九分

四脚亭

靈泉寺

局臺　　バス驛

基隆　　　　　　　　　　　至台北

八堵

作家劉克襄於 2004 年有一篇〈最後的硬紙票〉文章，牡丹里風景在其筆下有如此描述：「四面環山下，村子和車站各自形成不同的荒涼，村子是孤獨的，車站是空蕩的。」然而在明治年間的牡丹里，卻流傳一段鎏金歲月。

1889 年漢人在基隆河發現砂金以後，東北角山區從瑞芳的樹梅坪山到雙溪區的牡丹坑山，陸續被勘掘到蘊藏豐沛的金脈與礦物，自此，湧入絡繹未絕的淘金客。從瑞芳區的九份、金瓜石起始，有一條聯繫雙溪區牡丹里長約二千七百公尺的山徑，成為當時商賈、礦工往來瑞芳、九份與牡丹之間，從事買賣、工作的必經旅路，名為「貂山古道」。

1930 年的宜蘭縣鐵道圖，亦即日治時期宜蘭線通車時，畫設有「武丹坑驛」，1952 年站名改為「牡丹坑」，1964 年定名「牡丹站」，目前為一人看守的車站，而牡丹火車站的特色，在於它是台灣少數半月型岸式的月台。

牡丹的地名頗有意境，若未深入了解，會擬想成生產牡

牡丹溪與岸邊民居，因為礦業，曾經有過燦爛歲月

丹花的地方。而牡丹里的牡丹地名到底從何而來？牡丹地名在清代就稱為「武丹坑」，《東槎紀略》書中即載有「武丹坑」地名：「下嶺八里，牡丹坑，本名武丹坑……」，1836年《淡水廳志稿》至日治時期，都紀錄為「武丹坑」，直到戰後方改名為「牡丹」。而據學者洪敏麟研究，「武丹」可能是凱達格蘭族人的語言，後為漢譯成牡丹。老地名中的「坑」字，是溪谷的意思。另外在《台北縣鄉土史料》裡的〈雙溪鄉分組座談紀錄〉，有謝姓耆老提及：「牡丹因人名而成為地名」，但並未說明人名從何而來，甚是憾事。

無緣之墓碑

「無緣之墓」碑位在貂山古道途中，在無緣之墓碑處豎立說明牌，上面針對「無緣之墓」碑記載了四種不同的傳說，而其傳說皆與當年渡台採礦的日本人有關；一至三則都是與愛情、尋人相關的主題，唯第四則係因淘金未遂而潦倒異鄉的日本人，於絕望之際立碑對自己時運不濟的寫照。在《台北縣鄉土史料》裡的〈雙溪鄉分組座談紀錄〉中，謝姓耆老對「無緣之墓」碑的陳述大意，在大正年間，木川金礦日本負責人木川氏在耆老還是兒童時，木川就返回日本了，而這一方高約六尺的石碑，是木川先生回日本前所立下之石碑。而在日語的「無緣」，暗喻無主孤魂之意。「無緣之墓」立碑年代為1902年（明治35）。

牡丹往貂山古道的指標

　　數年前，有一回自牡丹里出發，欲登行貂山古道去金瓜石前，在牡丹溪旁偶遇當地居民連先生。他說古早以前曾聽老一輩人提起，這裡曾經居住過平埔族人，而連姓是牡丹里的大姓，另外的柯、簡二姓也不少。早年因發掘煤、金礦脈的雙溪區，在牡丹里便有兩大礦坑開採，一是龍美煤礦，另一是龍光煤礦。連先生指著「牡丹街」的路牌，以及溪的兩岸民房說：「當年這裡因挖煤礦的關係，是一條繁榮的街。而我祖父在日治時期就是煤礦的探勘員，還記得礦坑約在三十多年前沒落，礦業逐漸式微。」

為了拍攝牡丹里的諸多地點，2017 年一月再次踏上牡丹。正當從貂山古道入口折返時，在三貂里的十三層地方，偶遇居住在牡丹街上的簡、連二位先生。這裡的十三層也確實存在過，當年是洗炭礦場，共有十三層的建築，礦場的煙囪現已被綠藤占據，斑駁朽壞。往下走，在一間破了一個大洞的建築前停下腳步，二位近耳順之年的壯年人，面對這棟建築物似乎都跌入時空的深淵，啊，原來這裡是他們二位曾經就讀過的「牡丹國民小學金山分校」，位在三貂里的十三層聚落內。當年在此上學到三年級後，再下山去本部的牡丹國小就讀，那時牡丹國小有近九百人之多，因為礦業發達，居住人口多，牡丹溪兩岸非常熱鬧。

　　連先生先行離開後與簡先生自十三層沿路下來，這條柏油路大概在 1970 至 80 年代都還是鋪著運煤車軌道的石子路，簡先生指著一堵傾圮的紅磚牆後的廣場說，那裡就是昔日堆煤炭的地方，包括現在火車站旁的球場與停車場。離紅牆不

昔日堆煤炭廣場

遠處，有一塊露出黃土的斜坡，那裡便是昔日牡丹三坑出事的礦坑，往生的礦工約二十五名，時任行政院長的蔣經國還因此前來視察。這也不禁讓人感嘆，礦工每天都活在戰戰兢兢的恐懼中，深怕就此一去不回，所以礦工們總自嘲「穿著半身的紅衣下礦坑」。

簡先生的父親也是礦工，他提起另一件讓人更驚訝、當年人們討生活的工作景況。他的母親告訴過他，以前會有魚販從澳底那裡挑魚，天未亮時他們就摸黑走山裡的小路來，再銜接上貂山古道，一路步行去九份販售漁獲。靠山吃山，靠海吃海，艱困的生活即使上刀山、下油鍋，也埋頭實實在在去苦幹，在所不辭。

礦業的沒落，對照現在的牡丹里，儘管有著人去樓空的冷清，但現今的牡丹里環境十分整潔，牡丹溪水量充沛的嘩嘩響著，反而是一處十分僻靜清幽適宜居住的山村。

這裡曾經是堆煤礦的空地

連先生與簡先生熱心導覽十三層遺址

牡丹三坑礦坑遺址

倒風內海到魍港──好美里（Wanckan）

布袋鎮 置於布袋鎮東南一角的好美里，日治時期原本屬於新塭的三個行政區域之虎尾寮，民國以後即劃分成三個區域，其中包括目前在其東的新民里、復興里（本地人兩里合稱「新塭」），西面濱海，南隔八掌溪與台南市北門區對望，北方龍宮溪與布袋嘴相隔為界。好美里目前總人口數 439 戶，共計有 1431 人。

日治時期台南鹽田

通過牌樓即進入好美里社區

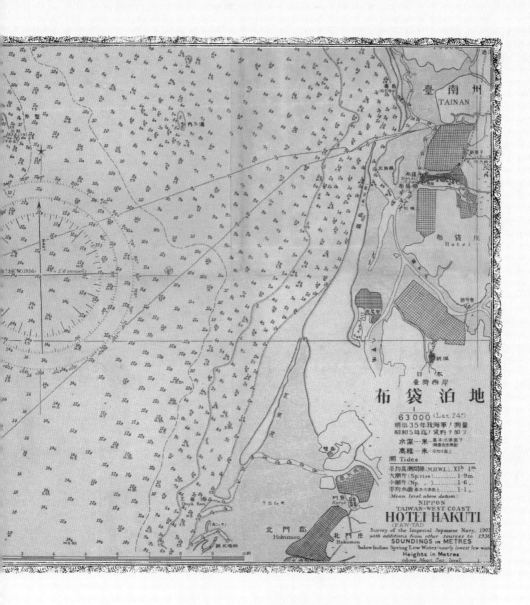

臺 南 州
TAINAN

布 袋 庄
Hotei

日 本
臺灣西岸

布 袋 泊 地

63000 (Lat. 24°)
明治35年我海軍ノ測量
昭和5年迄ノ資料ヲ加フ

水深一米．基本水準面下
（略最低低潮面）

高程一米．（平均水面上）

潮 Tides

平均高潮間隔 (M.H.W.I.) XIʰ Iᵐ
大潮升 (Sp.rise)...........1.9m
小潮升 (Np.).............1.6
平均水面 基本水準面上....1.1
(Mean level above datum)

NIPPON
TAIWAN–WEST COAST
HOTEI HAKUTI
(PAW-TAI)
Survey of the Imperial Japanese Navy, 1902
with additions from other sources to 1930.
SOUNDINGS in METRES
below Indian Spring Low Water (nearly lowest low water)
Heights in Metres
above Mean Sea level.

北門郡
Hokumon

北門庄
Hokuman

越過八掌溪的水道舊觀

好美里社區

進入好美里前，率先看見一座南部農漁村常見的高聳牌樓，穿過牌樓後，小小漁村的面貌盡入眼底。時值假日，小漁村的廟會正鑼鼓喧天，還有絡繹的遊客和車輛。拜訪聚落前，在聚落內最古老的里民信仰中心太聖宮逗留了一陣子，見有志工講解廟宇歷史，而一旁的遊客卻忙著跟 3D 彩繪牆拍照，以及光顧小吃攤。

在現今地圖上，從嘉義縣八掌溪到台南曾文溪口的西南沿海，是大片平原、魚塭和鹽田。據學者劉益昌的報告指出：「靠近下營、麻豆、佳里、學甲交界之處，有一大片特別向內陸凹入的區域，這就是歷史上的倒風內海。」此外有言：「『倒風』是荷治以來，漢人對於今日台南市佳里區到嘉義縣八掌溪口之間一個大型潟湖的稱呼。當今或稱為『內海仔』，也許是已經縮小成為一個小型的潟湖，因此我們很難想像倒風內海千帆盡是的原貌。」劉益昌表示，當今我們推測古倒風內海的地理位置，大抵以十七世紀的荷蘭人的繪圖與漢人的

台17線

紀錄所判得的。而倒風內海地形，約於1823年（道光3）消逝，後為今日的布袋港取代。

1571年（萬曆元年）便有魍港相關記載，它是倒風內海的港口之一，也是鄭芝龍率漢人抵台拓墾的據地。它的地名今稱之好美里，屬布袋鎮。

好美里的地名歷經三次的更動。荷蘭人 Symon Jacobsz Domckens 繪製的地圖，在八掌溪南岸即標出 wanckan（魍港）。後來的明鄭時期擊退荷蘭人，此時這裡魍港遂訛名蚊港，因「魍」與「蚊」的台語發音相似。至於虎尾寮的地名有一說是在1839年（道光19）即已存在，當年這裡傍海，所建築的屋寮多是長條狀的簡陋魚寮，因故俗稱之。學者廖倫光在〈虎尾寮的鄉土建築表現之研究〉文中述及虎尾寮的「虎尾」，最早是指稱荷蘭人稱呼雲林的平埔族「費佛朗」（Favorlang）族，以台語發音「滬尾」（也是淡水舊稱）即虎尾，虎尾就是險惡之境、虎尾即老虎尾巴等說法，以此綜觀，「虎尾」一詞就具有原始和險境的意涵。明鄭時期結束之前，在台灣本島和漢人拓墾而息息相關的媽祖信仰，最早建置的媽祖廟就在布袋鎮好美里。據廖倫光的研究，好美里的「虎尾寮」曾經盛行建築簡易的虎尾寮，供予窮困人家充當居所或與捕魚相關作業的小屋，所以又有「虎尾寮仔」、「蹦空厝」、「拖孤面仔」等俗稱。

另有傳說，「虎尾寮」是國民政府來台後才有的地名，本來的里名應是沿襲下來，爾後政府因嫌虎尾寮地名有「虎頭蛇尾」之爭議，遂改制成「好美里」至今。也有里民傳說，

虎尾寮的虎頭是南鯤身，虎尾就是好美里，而虎尾如果往上揚，即表示好美里會興旺。

六十九歲的好美里里長顏金鐘表示，他的外公曾經提起好美里在還是魍港地名時，這裡是座繁榮商港，住民約有兩千多人，當年貨物都是這裡進出，非常風光熱鬧。顏金鐘的說法與劉益昌的說法不謀而合，這裡曾是倒風內海的一處海港，但後來由於泥沙淤積，終成為大片荒埔地，也就是現在大片魚

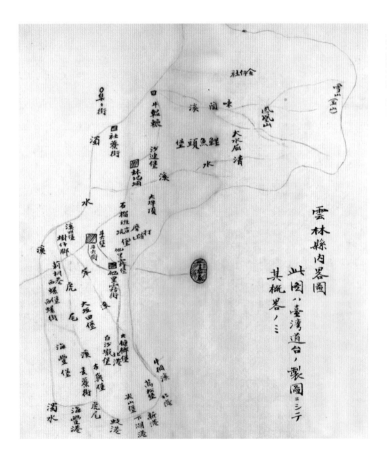

好美里顏金鐘里長

塭的地方。虎尾寮原隸屬台南區，昔日如要從布袋進虎尾寮聚落得要經過八掌溪，而八掌溪於 1934 年一場風災而改道，所謂的「填舊港，開新港」就是發生在這時期，典故起自顏金鐘外公仍在世的時候，當年村子裡有一名乩童，說某時某日這條溪會填起來，將開出另一條溪，但乩童未告知主事的外公去準備牲禮拜拜，結果時日到了，本來是好天氣的那天，卻突然興起的一陣狂風暴雨，爾後遂造成淤塞魍港浮出新港。

　　青山嶼太聖宮衙門媽（或曰明朝媽）的傳說，也是源自荷鄭時期。當時供奉神明的簡陋屋宇因被大水沖垮，守衛的官兵趕緊將神像搶救下來安置在青峰嶼的衙門寮。神像後來請回來好美里以後，以擲神筊的方式，看誰當上爐主，衙門媽就暫供奉在爐主家，直到建了小廟供奉，衙門媽漸漸地成為信徒們的信仰中心。直到 1972 年，由村民們鳩資，是年開工動土，1976 年建成現在的大廟。

在太聖宮廟埕拍照時，看見廟宇的名牌上寫有「青山關」三個字，頗為好奇。在《台灣府志》裡載有如下文字：「蚊港在縣治西南，西面臨海，自青鯤身歷南北鯤身，東旋青峰闕為蚊港。」青峰闕因位在兩座布滿榕樹的沙丘，宛如一座小山峰，而峰與峰之間有關口，遂以此名之，民間

俗稱青龍關。顏金鐘說十多年前曾有請學者考察過青山關的遺址，地理位置約位在現在的墳場，於此地曾挖掘過一個大甕，裡頭裝滿骨骸，其骨骸大於東方人的骨頭，據聞是荷蘭人的遺骸；以及早年在青山關上曾發現砲台遺址，但後來遺址也未妥善保存而消失。

　　根據文獻記錄，經過衛星空照的比對，義竹鄉的「後鎮」應是「青峰闕」砲台（今布袋鎮好美里）的支援和第二防線重要據點，而青山關除了海防，也具有防阻「倒風內海」海水倒灌的功能。《布袋嘴文化月刊》中也有此一說：「魍港天妃廟（今太聖宮），前臨大海、後控青山（林投山）位於魍佳半島（魍港到佳里興之半島位於倒風內海西側）北端，魍港內海西側，東西臨海，與冬港（今布袋鎮東港里）、北鯤身島隔海相望。小丘上，樹林青籠成峰，中有關口，故謂青峰闕，俗名青峰關。」

　　為了振興雲嘉南海線觀光產業，除了因早年西部沿海地

區受烏腳病所苦而於布袋鎮建築的鑽石高跟鞋裝置外，2015年為了沒落的漁村，好美里想方設法開始著手 3D 彩繪牆，經口耳相傳及拜網路世界發達之賜，也吸引不少遊客前來觀光。昔日以討海和養蚵為村落為主要產業的好美里，在養蚵業沒落後，現在幾乎全面以開鑿魚塭的養殖業為重。

　　當海風迎面拂來時，風裡自然帶來鹹腥的海味，提醒人們這裡也曾因海上的熱絡商業活動而蓬勃繁華過。

好美里 3D 彩繪風景

南門舊业

人文史蹟

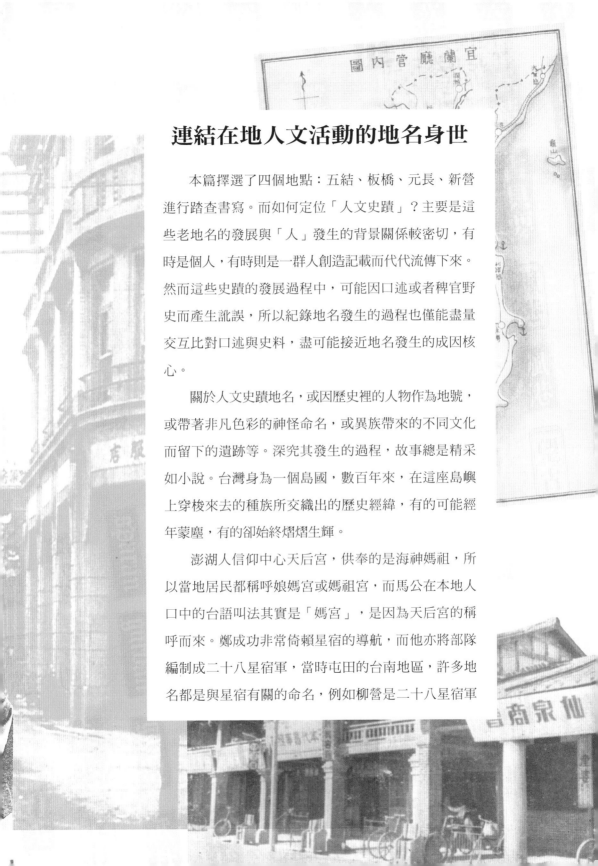

連結在地人文活動的地名身世

　　本篇擇選了四個地點：五結、板橋、元長、新營進行踏查書寫。而如何定位「人文史蹟」？主要是這些老地名的發展與「人」發生的背景關係較密切，有時是個人，有時則是一群人創造記載而代代流傳下來。然而這些史蹟的發展過程中，可能因口述或者稗官野史而產生訛誤，所以紀錄地名發生的過程也僅能盡量交互比對口述與史料，盡可能接近地名發生的成因核心。

　　關於人文史蹟地名，或因歷史裡的人物作為地號，或帶著非凡色彩的神怪命名，或異族帶來的不同文化而留下的遺跡等。深究其發生的過程，故事總是精采如小說。台灣身為一個島國，數百年來，在這座島嶼上穿梭來去的種族所交織出的歷史經緯，有的可能經年蒙塵，有的卻始終熠熠生輝。

　　澎湖人信仰中心天后宮，供奉的是海神媽祖，所以當地居民都稱呼娘媽宮或媽祖宮，而馬公在本地人口中的台語叫法其實是「媽宮」，是因為天后宮的稱呼而來。鄭成功非常倚賴星宿的導航，而他亦將部隊編制成二十八星宿軍，當時屯田的台南地區，許多地名都是與星宿有關的命名，例如柳營是二十八星宿軍

中「柳宿」軍「營」，故稱柳營；現今官田區二鎮里的角秀地名，也是明鄭時期星宿「角宿」的發音訛化而來；又例如鄭成功軍隊編制裡的提督職位，都各自帶領一個「鎮」的部隊，這也造就嘉義縣義竹鄉的「後鎮」、新營區的「護鎮里」、台南市的「左鎮區」、高雄市的「前鎮區」，以及楠梓區的「後勁」等地方，都是明鄭時期的軍隊編制所遺留的地名。

　　鄭成功屯墾時期，其深入拓墾台灣各地的影響力之大，足以使人瞠目。南投縣竹山鎮有「林圮埔」的老地名，原來也是鄭成功的參軍林圮率部眾到此屯墾，後來漢人開墾此地，改名為林圮埔，以紀念林圮的功勞。今日大甲鎮的大甲國中附近的「營盤口」、鐵砧山上「劍井」，雲林縣林內鄉的「營盤圈」等，也都是鄭成功的部將來過的地方。

　　彰化縣鹽埔鄉打廉村也有一則神奇的神話。傳說從前的打廉村有鱸魚作祟，常常破壞農田和民宅，後來由三山國王顯靈收服鱸魚，打廉（鱸）地名由此而來。台灣各地關於神怪傳說命名的地名，實在不勝枚舉。如鶯歌的前身其實是一塊像鷹的石頭而得名；桃園市龍潭區因一口陂塘住有黃龍一條，原稱靈潭，別名才是龍潭；雲林縣的褒忠鄉原名叫「埔姜崙」，

因當地秀才協助清剿林爽文建功，清政府遂賜他故鄉名為「褒忠」。

　　教授陳佳穗針對神怪與傳說所創造的地名，有深入的見地，陳佳穗認為：「台灣的神仙、道術或精怪相關地名的傳說，它們不僅記錄了台灣地名產生的背景與變化」，更反映出「民眾信仰觀念與集體意識」。以新北市雙溪區泰平里為例，最早叫大平的泰平村，本來地名稱為「太平村」，據傳清治時期有一位官職千總的黃姓官員帶領軍隊來開墾，在各地都已開發殆盡之時，他做了一個夢。他夢見在三貂處有塊平原尚未開墾，夢醒後他遂帶領軍隊來到現在的泰平里這塊平坦的土地，大平地名於是誕生了，而這也投射了當時人們追求安穩生活的心理活動狀態。還有澎湖列嶼生成的神話，傳說女媧煉石補天之時，仍有剩餘的七彩神石，於是隨手一揮灑，澎湖群島就落入人間了。人們敬畏上天繼而信仰脫離現實的偶像或神仙，因為與生活觀念相當，也逐漸滲入人民現實生活裡，自然讓人們心靈與精神有所寄託而得到庇佑及袪災。

作伙打拚來結圍──五結

五結鄉位於蘭陽平原的東南隅，面積38.8671平方公里，地處蘭陽溪的出海口，向南延伸海岸線長約八公里，屬黑砂質系。東臨太平洋、北隔蘭陽溪與壯圍鄉、宜蘭市及員山鄉為界，西南邊與三星鄉、羅東鎮毗鄰，往南與冬山鄉、蘇澳鎮、羅東鎮交界。地勢平坦，河川大都呈東西走向，冬山河精華河段盡在五結境內，地形包括高地、平原、沙丘、河口和沼澤溼地，東側海岸線全屬砂岸，景觀宜人。

利澤簡有冬山河與支流圳道如雙手擁抱，台7丙公路岔開的2戊道路延伸銜接台2線，短短的老街就臥躺在一片靜謐的社區中。曾經水路可連通冬山鄉與冬山河口的加禮宛港，為一重要的貨物集散地，隨著鐵路與公路的便利性，河港因此逐漸沒落。

日治時期利澤簡河畔養鴨

利澤簡海濱

1930年代羅東街一景

利澤簡老街

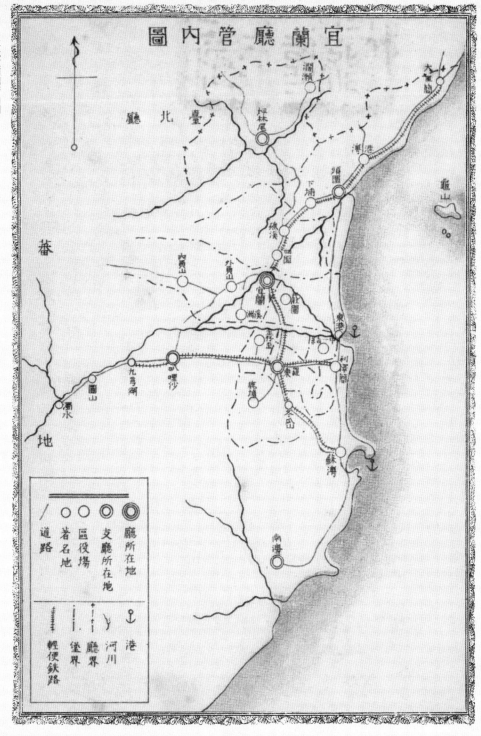

宜蘭廳管內圖

臺北廳

蕃

地

濁水

圓山

九芎湖

以哩沙

內員山

小員山

叭哩沙

壯園

宜蘭

礁溪

下埔

頂圍

溪洲

利澤簡

羅東

二結

蘇澳

冬山

南方澳

南湾

頭圍

烏石港

鼻頭角

烏石港

大里簡

烏石港

坪林尾

溪湖

龜山

道路
廳所在地
支廳所在地
區役場
著名地

港
河川
廳界
堡界

輕便鐵路

五結村

　　結，是漢人拓墾土地的基本單位，字面解釋就是「作伙打拚」。從前十佃為一結，自其中再推舉一個懂事理且出錢較多的人為頭，稱為小結首。集合十餘名小結首，再推舉一人，稱為大結首。結首與官方的關係匪淺，藉此約束眾家佃農。

　　五結鄉共計有一、二、三、四、五結等地名，《宜蘭廳管內埤圳調查書》的契書記載如下：「嘉慶十六年東勢庄一二三四五結眾佃戶林華、魏建安、簡桃、林青、林儀同五結內人等竊思開田必先開水……。」昔日的宜蘭濁水溪就是今日的蘭陽溪，五結位在溪南，清治時期名為東勢，由此可見五結不但是開發的基本組織，也是最早開發的地區。1835年宜蘭人口遽增，從原來的六堡增加到十二堡，其中包括利澤簡堡。1920年日治時期實施州廳制度，原來十二堡中的二結堡、茅仔寮堡及利澤簡堡改制為五結庄，五結庄下轄有頂五結、下五結、頂三結、下三結、二結、四結等。1950年，

國民政府將下五結改名為國民村，直到1978年才正名五結村。

　　五結鄉過去即為結村聚落型態，人口聚集在今日的五結村鄉公所附近，致使五結村順勢成五結鄉的鄉治所在。主要道路幹道、市場、圖書館等薈萃於此，也是五結鄉人口最多的村落。

　　五結鄉的利澤簡與流流社位在冬山河畔，冬山河未整治前其河道彎曲，只要大雨一到必鬧澇災，1975 年，冬山河進行截彎取直的工程，也就是我們今日所見之模樣，而每年的童玩節也在此熱鬧登場。

冬山河

利澤簡

　　八十二歲的耆老林錫鏗，原來住在季新村季水路的新店，二十餘歲結婚後遷居至利澤簡老街現址。他的阿太（曾祖父）、阿公曾提到，早年這裡很熱鬧，穿流不息的商業活動，生意蓬勃發展，所有臨近村落的居民都來利澤簡消費活動，當時的羅東鎮還遠不及利澤簡的繁榮。

百年前，利澤簡是一個商港，港口位在現在利生醫院前面的岔路口。當年從大陸福建來的帆船，艙底都堆置壓艙石，一方面平衡帆船的航行，再則抵禦強風的吹襲。帆船運載的貨物都集中到這裡卸貨，大部分是杉仔和貨物。在日治時期，交通

尚不發達，火車也還未開通，商船抵港口卸貨後，利用輕便車運載至羅東販售，利澤簡成為當年五結的貿易中心。

林錫鏗提到他的先祖們曾說過，利澤簡從前叫做「綺麗港」，有美麗港口的意思。冬山河尚未開闢前，這裡的河流一直通向利澤簡海邊，這一條河河道曲折蜿蜒，船隻可航行通往平埔族的流流社，也就是他口中的流流仔。那時候冬山河還不存在，但因河道的水流沖刷力量大，不斷沖毀沿岸土地，土地流失後，河港愈來愈深，導致流流社的居民不斷外移遷徙，僅存目前的數戶人家。流流社的居民都姓偕，據傳馬偕醫生曾在流流社傳教，並種下一顆存活至今的「大葉山欖」。平埔族人沒有漢人的姓氏，於是都跟隨馬偕的偕作為姓。利澤簡街上有一間當地最早的基督教教堂，即見馬偕傳福音的行腳事蹟。這是林錫鏗的口述事蹟，他說，利澤簡的地名事實上與平埔族人無關。

史料裡的利澤簡又是什麼模樣？流傳的地名有「里德幹」

利生醫院前是利澤簡舊河道遺址

利澤簡百年老教會

與「奇利簡」的稱呼，本來是噶瑪蘭族利澤簡社之社域，利澤簡（Hedekanan）在噶瑪蘭族的話有「休息之地」之意。清治咸豐年間，利澤簡社遷移至加禮宛社的舊址居住。

　　第一次在前往利澤簡的路上，因不熟位置遂向在地人問路，此地的居民都稱呼它奇力港（台語的港與簡發音近似）。這裡本是冬山河尚未成河前的河道渡口，由於船舶時常擱淺，遂向媽祖祈求庇佑而航行順利，為彰顯媽祖無邊的神力便稱為奇力港。另有一類似的神話傳說發生於清康熙皇帝時，傳因敕封十二尊天上聖母的其中一尊欲分靈來台灣，當船舶至

此卻因為水淺而無法順利入港，船員們於是向媽祖禱告，不
久海水立即漲潮，使得船隻得以駛入且順利安奉天上聖母，
居民們因這不可思議的奇蹟遂稱此地為奇力港。

走尪

從前走尪的活動儀式很簡單，每年正月十五日那天早上七點，用人力抬著
神明自保安宮出發，遶境八大村莊（利澤簡、清水、成興、新店、加禮宛、
下福、寶斗厝、埤仔尾），大約遶境一天的時間後返回保安宮。神明入廟
前，在街上再來回走兩趟，過火後送神明進入廟殿安座。走尪的意思，就
是抬著神明四處走，尪是偶的俗稱，指神像。

利澤簡保安宮廟埕

流流社

　　根據平埔族的母系社會習俗，通常是男方「嫁」到女方家裡，亦即閩南人所謂的「入贅」，他們稱為「牽手」。七十五歲的林天成從母姓，兄姊都從父姓，他用流利的國台語說：「爸爸來給媽媽招（贅）的，以前都是這樣。爸爸姓偕，是礁溪鄉淇武蘭人，他稱礁溪為溪北，這裡是溪南，是以蘭陽溪作為分界。」

　　站在舊河道遺址前，林天成蹲了下來，拿石塊在地上畫起河道地圖。他談述從前他們過的就是逐水而居、靠捕魚維生的生活。以前南方澳居民知道噶瑪蘭族很會抓魚，就請他們去做漁工。日治時期這裡有二十八戶人家，目前只剩五戶住在這裡，大人小孩尚不及二十人。對母語的印象已然盡數喪佚，現在他記得的僅有「再見」、「你好」等簡單幾句，「以前都不敢講，怕被譏笑。」他說。

　　祖先們一直住在流流社，日治時期的記錄有三十六個部落，目前只剩下流流社一個，因其他部落皆被漢化，除了流流社族人因住在一起而保有傳統習俗，故逃過滅社一劫。在

流流社舊河道畔重建的碼頭

文獻裡，載示「蛤仔難三十六社」稱之（實則較三十六社多），以蘭陽溪為界線，分布在溪北有二十社，約位於現今的壯圍、礁溪及宜蘭市內；而溪南有十六社，位在五結、冬山兩鄉以及羅東鎮一帶。1920年，日治中期將頂清水庄重新擘劃行政區域，下面轄有新店、清水、流流社、加禮宛社等部分，直到1978年，國民政府復將此地定名季水村。

流流社的信仰是基督教長老教會，馬偕曾在這裡傳教，距今已有一百多年歷史，利澤簡的教會至今也有133周年，從前這裡還有間木造教會，但已經滅跡了。

林天成表示「流流」在他的母語裡，可能是日常的說話而已，按長輩的說法「流」字應該是「留」，意思是我們留在這裡，也是敬天敬地的象徵。他更充滿遺憾的說道：「非常可惜的，是目前沒有人去探討與了解『流流』的地名到底怎麼來的。因為沒有正確的說法，我更不能隨便亂講。」根據資料記載，流流社是噶瑪蘭（Kavalan / Kebalan）族村社之一，位在五結鄉與冬山河之間。「流流」在噶瑪蘭族語有「細

長」的意義；另有說法，「流流」是「水沖」或「急流」的意思。林天成於童年時說母語怕被歧視，因此長輩們鮮少使用母語教育他們，回憶起童年每次走出部落要去上學，只要遇到漢人都會被取笑說：「那是番仔子，番仔子要去讀冊了！」也因此他都繞路而行，但是在他媽媽那一代，反倒會因被歧視慣而打架。

　　而他的族人到底從何處來？不久前，他聽見一位住在冬山鄉的八十幾歲劉姓長老口述，長老聽他的阿公說起，以前族人是在東南亞一帶的船上討生活，若捕得漁獲，其他小船就會靠近交易。後來一場颶風將船吹到台灣尾，看見一片霧濛濛的大山，頭目發號施令從台東上岸，結果遭遇了泰雅族和阿美族的驅趕，後族人怕被殺害而不敢上岸，遂決定再往北航行，但花蓮多為礁岸不利上岸，最後抵達了南澳，有族人

提議不要再前行了、太累了。但有族人還是選擇繼續北上，發現南方澳到頭城都是沙灘，上岸容易，便登陸於此。後來因礁溪淇武蘭遺址的發現，林天成也受邀去現場，挖了有四米深，起出大批古物，而那裡距港口甚遠，怎麼會有這批古物令人費解，而裡頭很多貝類都是他們童年食用的食物，以及鹿角等。

1980 年噶瑪蘭族原住民展開風起雲湧的尋根與正名運動，2002 年 12 月 25 日，噶瑪蘭族終獲為台灣第十一個原住民族。季新村的流流社，是目前宜蘭縣較完整的噶瑪蘭族舊社。

林天成目前從事流流社的民宿經營，聊起祭祖與尋根，現在建有一間茅草屋做為祭祀的場所，他更提及花蓮新社的噶瑪蘭族是從宜蘭遷徙過去的，新社族人偕萬來（1932-2008，花蓮縣豐濱鄉新社村人，畢生最大的心願為發揚噶瑪蘭文化，為噶瑪蘭正名，被尊稱為「噶瑪蘭族之父」）的姊姊曾受邀來這裡教母語，而她的爸爸（偕八寶，1881 年出生於宜蘭的噶瑪蘭聚落「麻里目罕社」）曾叮囑過要回來宜蘭尋根，爾後去公所查資料時竟然發現流流社都是偕姓，遂來此尋根。八十幾歲的她說：「爸爸是馬偕栽培的學生，馬偕請他去傳福音，首站是花蓮港教會。後來又去了新社傳福音，但因為新社的阿美族信仰天主教，天主教物資充裕，還有通婚等因素，福音終究無法在新社傳開。」

淇武蘭遺址發掘

二十一世紀初，林天成父親的出生地礁溪鄉淇武蘭遺址，出土了一批距今約 800-1300 年前的史前文化遺物，以及 600-1000 年前的噶瑪蘭舊社遺物及遺跡，地點在宜蘭縣礁溪鄉淇武蘭溪和武暖溪的交會處，當時因為整治得子口溪和進行北宜高速公路越過河道的工程而面臨破壞，幸好即時在河面下搶救了許多噶瑪蘭族製作及使用的器物，如罐瓷器、木器、骨角器、鐵刀、磨石、石錘、煙斗、紡輪、珠飾、金屬環，以及自然生物的遺留如獸骨、貝殼、種子，還看到墓葬、灰坑、木柱群等豐富遺物。

流流社大葉山欖

在水一方過溝橋——板橋

板橋區

位居新北市西北方的板橋，是一地處新店溪與大漢溪交會的沉積地形；大漢溪之西則是新莊與樹林二區，東北為新店溪區隔台北市，南面則與中和、土城區接壤，並以淡水河和大漢溪隔開北邊的三重區。

日治時期板橋中直街

1935年台灣博覽會時，
林家花園充當板橋鄉土館

林家花園一景

今日的滴仔溝

日治時期林家花園

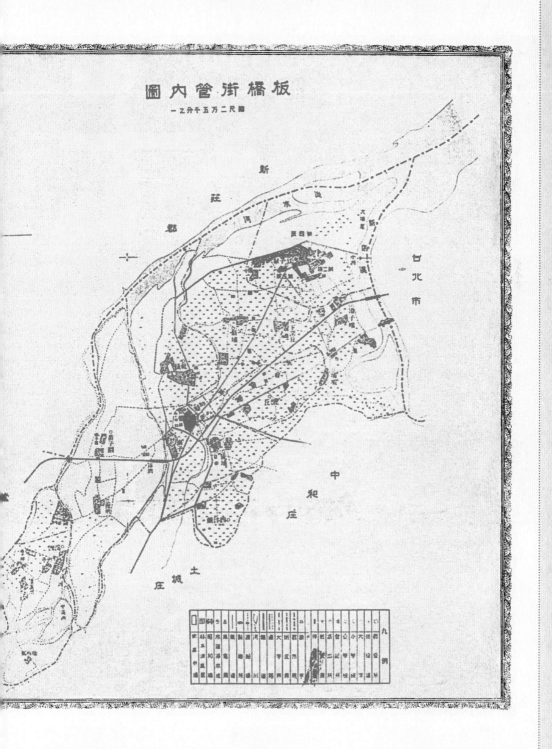

板橋街管內圖

縮尺二萬五千分之一

新莊郡

淡水河

新莊郡

臺北市

中和庄

土城庄

一條河、一座簡單木板橋，足以成就一座城市？這樣的場景於今日看來，機會幾乎微乎其微。然而，板橋當年就是如此成城。傍水而生的聚落或城市，幾乎是開啟人類文明的定律，以及奠定人類進步的起點，大漢溪的支流湳仔溝於板橋的發展就扮演著重要角色，是一條極重要命脈的河流。

板橋著名的家族，當然以商號林本源的林家花園為人熟知。雖然林本源家族於1784年入台後先在新莊地區發展，但其家族遲至約於1847年才進入板橋，並非當地最早的望族。在湳仔溝碼頭旁，一間具有三百年歷史的石雕土地公廟福興宮旁的古石碑上，鏤刻「乾隆四十五年」，推算年代約建於1780年左右。經由廟方人員引導之下，穿過廟後方的小巷內，竟然還隱匿一個於1788年即已進入板橋發展而鮮為人知的低

今日的林家花園側門

調宗族——江璞亭家族古厝，以務農而積累財富，落腳於此已歷兩百多年歷史。

清治乾隆年間漢人入墾板橋，漳州人林成祖、廖富椿等開築大安陂圳，《淡水廳志》有此說：「大安陂圳，在擺接堡溪東，距廳北一百一十里。圳長三里餘，……灌溉大安寮至港仔嘴莊（註：今江子翠一帶）等田一千餘甲。」此圳支線經過福興宮後面的公館溝（現今林家花園附近的公館街，即公館溝遺址），使成就板橋豐富的灌溉水文。乾隆中期，林復在建於 1729 年的接雲寺附近，建築了數間草店，方便了板橋與新莊間的往返交通，也使得板橋最初發展的雛形輪廓畢現。這事蹟也被紀錄於日治時期伊能嘉矩的著作《大日本地名辭書續編第三——台灣》裡：「清代雍正年間，大加蚋堡墾首林成祖，購得其地。著手開墾。乾隆中，於今板橋街外土名崁仔腳地方，建二、三草店，與新莊開始交通。」

板橋接雲寺可能是板橋舊橋遺址一隅

回溯板橋地區的發展，至早駐地此區域者，在 1654 年荷蘭人所繪製的《大台北古地圖》

中，記載有今名為新店溪的武勝灣溪和現名為大漢溪的大嵙崁溪之交會處，有一番社名為武勝灣社，其南方則有一擺接社，位在今日社後、中正、自強等里一帶。1697年郁永河的《裨海紀遊》載有「擺折社」一詞。據《台北縣鄉土史料（上）》裡的耆老林銘勳口述，板橋今中正路尾新海橋前面一帶是擺接堡，為昔日平埔族擺接社的活動場域，「擺接」是番名，中文譯音為「拜爵」，後來二者音混成「擺接」。

　　至於板橋地名如何發生？可能與當地的河流和商業活動興盛二者有密不可分關係，且眾說紛紜。其一，擺接（板橋）的後山土城產茶葉和樟腦，當年板橋有三間製茶館，茶葉出貨必走水路運送至艋舺出售，再購買日常所需物品運回。而水路就是湳仔溝。自湳仔港碼頭擔貨上岸走到林園街的湳仔溝，轉入西門公館溝，公館溝上架有大木板充當便橋，此為板橋地名由來一說。其二，按洪敏麟教授的文獻敘述，乾隆時期，

茶園採茶風景

西門街方向，可能是板橋舊橋遺址一隅

於今西門街一帶有一個名叫崁仔腳的地方，建蓋了幾間草店，在草店東側的公館溝上搭築木板橋，遂命名枋橋。

1847年，林本源家族為了方便收租，於現今林家花園的停車場建造了一座「弼益館」的租館，這是林家進入板橋建立的第一個建築，因此，正式揭起板橋林家花園的大時代序幕。

嘉慶與道光年間，漳州、泉州人為了爭奪土地、水權，常於大台北地區發生嚴重械鬥，林家於1855年（咸豐5）年林家與板橋居民共修之枋橋城落成，並設置東西南北城門。林本源家族為了維護族群和諧，遂與在地仕紳慨捐土地興學，1863年創設了供奉文昌帝君「大觀書社」，故亦稱文昌祠，今列為國家三級古蹟，並將廂房建築空間改為大觀幼稚園。1907年，林家立「枋橋建學碑」，碑文主要重點旨在闡述，板橋林家出錢、出地，以及設立書社、義學之豐偉事蹟。建學碑的碑文書法融合中、日書法精粹，碑文的書法字出自日本人原名日下部鳴鶴（1838-1922）的日下部東作之手，現在石碑設置於板橋區的文化國小。

因為林家的豐厚財力與對商業活動的帶動，致使今日的府中街慈惠宮一帶的商業蓬勃發展。遺憾的是，古城牆於1905

至 1909 年間，陸續為日本人市區重劃而拆除殆盡。

目前林家花園周遭除了人潮絡繹的黃石市場外，許多老街衢亦多有可觀之處。例如文昌祠旁的文昌街；因位置於弼益館後方而興名的倉後街；還有因香火鼎盛的慈惠宮而發達的宮口街等。

返回湳仔溝碼頭舊址，站在河岸觀視，這條老板橋的生命之水仍舊未根治其惡水沉痾，即便已經投入偌多整治的財力與資源，並建設周遭的硬體景觀設施，然而，河水仍然滿是穢物，水質依

然散發惡臭。而這也足以言明，當人類要追求更好的生活過程中，往往忽略了土地曾經給予我們的豐饒資源，而我們似乎極度容易忘本，從未回頭回報與善待土地，令人甚感遺憾而稀噓。

板橋慈惠宮

林家花園右牆外的茶館街

圈圍成掌的白沙墩──元長

元長鄉 位於北港溪西岸的元長鄉，東邊鄰大埤鄉，西方與四湖鄉連接，西北方接壤東勢鄉，西南方與北港鎮毗鄰，北邊則交界東勢鄉。昔日，元長鄉是連結北港鎮到西螺鎮的重要孔道，也是通往南北的交通要道，因此，元長鄉的交通以南北向為主，東西向為輔。本鄉主要農作物以水稻和花生為主，尤以黑金剛花生夙負盛名。

自北港進入元長鄉的路之一

傅氏宗祠的歷史沿革碑

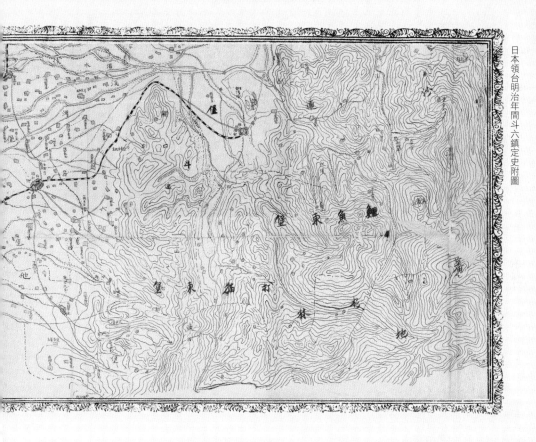

《諸羅縣志》插秧番俗圖

《諸羅縣志》穫稻番俗圖

元掌 · 元長

　　元長的讀音對外地人而言，充滿諸多差異性。長，有人讀ㄔㄤˊ，有人讀ㄓㄤˇ，甚至，當地耆老說也有人把「元長」台語讀成ㄎㄨˋㄅㄥˊ，意即圍圓而拉長。這也形成一個地名的多元讀音之趣。

　　細說元長，1684年，元長屬諸羅縣，1887年改劃歸雲林縣，為白沙墩堡元長莊，此堡範圍包括虎尾溪到北港溪一帶。白沙墩的地名由來是因為此地傍近兩溪環帶之間，溪間砂質非常細白，且兩溪間到處堆有被風吹積起一墩一墩的沙堆，還有部落社民在此居住，故名白沙墩堡。

　　至於元長的地名亦眾說紛紜。文史專家林亞卿撰《沙墩元長》述及，傅氏的宗族在前後不同年代陸續進入元長開墾，當中有位名為傅元掌的人在清治乾隆年間抵達，與族人們開天闢地，他為人熱心助人，也因他之故，鄰近聚落的商賈、居民遂以「元掌」稱呼本地。然而，當再進一步考究，在傅氏宗祠碑文有載：「清乾隆六年傅元掌率族人自泉州府安南縣十六都桃園舖戶分宗祠官園董頭社渡台入墾白沙墩堡，建

立元掌莊。」但於宗祠的祖先牌位所載與此有所出入：「有一位傅元使者生於康熙四十年，卒於乾隆四十年。」傅氏族譜則記載：「元使於乾隆六年渡海來台墾荒。」元使是否為元掌，成為一道謎題。清治時期本地盜匪猖獗，村民為求自保紛紛組成鄉勇隊擊退盜匪，後官府為求元掌長年發達，即將元掌莊改名元長莊。林亞卿也考據到〈乾隆台灣輿圖〉（約1740-1778），已有「元掌」二字現蹤。另於「台灣文獻叢刊」《平台紀事本末》載，1786年因林爽文事件，「辛巳（十七日），總兵普吉保領兵攻笨港，克之，退屯元長莊。」此時元掌已經易記為元長了。

　　元長地名由來在元長鄉傳說多分歧，經由寺廟裡的耆老們引薦，帶領走訪了已退休的校長蔡明芳，他的研究又全然與史料截然迥異。根據蔡明芳的研究，元長鄉的李氏家族自

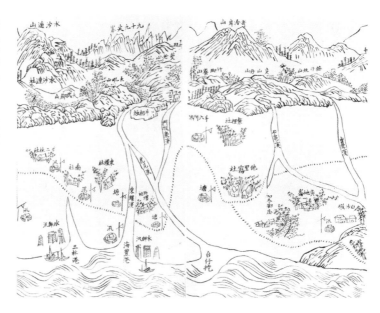

《諸羅縣志》地圖中的白沙墩地名

福建泉州府南安縣芙蓉鄉移民而來，當時李姓共有五房，但
第四房並沒有一同前往台灣，而跟隨李家一起渡海來台的還
有一個姓傅的人。他補充說元長鄉實質上應該定名李家村才
是，長南村、長北村有四分之三都是姓李，四分之一姓傅。

　　在這些家族遷徙渡海而來沒多久，正好遇上漳州人的海
盜蔡牽到此作亂，那是乾隆時代後期，當時出了一名武狀元
叫李長庚，後來被派調到浙江省當水師提都督。他知悉此事

後遂向嘉慶皇帝請纓，說明落腳元長的來自泉州鄉民受蔡牽滋擾，要派兵去台灣攻打蔡牽。1807年李長庚掛帥，率領王得祿與邱良功二部將剿匪，1810年弭平海盜蔡牽。雖然李長庚平定了元長鄉的紛擾，遺憾的是，他後來戰死在宜蘭一帶。因其戰功彪炳，後人感念他的功勞遂呈報乾隆皇，建議官方取李長庚的長字，武狀元的元字，二字合併起來成為「元長」，做為此地地名，以示紀念。

史料中雖有一說是因傅氏先祖傅元掌的開墾而有「元掌莊」由來，但蔡明芳認為，不過是鄉野流傳的說法。當時隨李家一同渡海來台的傅氏，曾將族史寫在族譜中一起赴台，但查看傅氏族譜，開台的族人當中並無所謂「傅元掌」此人。爾後，元長鄉曾舉辦地名沿革座談會，蔡明芳也曾提出疑問，傅家後裔也無法進一步提出先祖「傅元掌」的相關事證。故此，他愈加確定元掌非「傅元掌」之「元掌」出處。這是另一條考究元長地名沿革的線索。

元長鄉今以19號公路為主要幹道，且鄉治中心位於長南和長北兩村，鄉公所、郵局、學校、廟宇等，都設立於此。目前元長鄉鄉民仍是以務農為主。

合和村

　　過元長中山路往西走，途經合和村時撞見二房寮和三房寮的特殊老地名。原來當地居民皆為長南村李姓族人五房裡的二房、三房後裔。至於為什麼他們會遷徙來此另外墾居？原來是因為元長鄉土地遼闊，當時二房、三房至此另覓耕地，又因為從元南村來此路途頗遙遠，所以就地建造簡易可住可放農具的寮仔，地名遂因此流傳下來。

　　合和村是元長鄉的一個村落，老地名俗稱角婆庄，文獻裡的角婆是人名，發音近似合和，而合和地名是在日治時期為雅化而更名。

　　根據在地村民的說法，角婆的另一種地名「蛤無」由來非常逗趣。在寺廟裡聚會的在地人傳述，嘗聽老一輩的人說，有兩個老尪公婆（老夫妻），住在村子裡的一個沙崙附近，因為兩人居住在一起很久的時間，膝下一直無子嗣，所以稱

合和村的信仰中心承德府

為「蛤無」。蛤無，是台語，意思就是即使同床仍無法孕育出兒女。當地居民直到今日，仍是將合和地名發音成蛤無。在當地寺廟的沿革裡，也紀錄了蛤無二字。

合和村一景

合和村的幾位村民正熱烈討論「蛤無」莊的典故

鄭成功屯營之所──新營區

居於台南市北端的新營區，位在急水溪北岸，東方與東山區相接，西方則是鹽水區，南方與柳營區相鄰，北方是後壁區，地處嘉南平原中心。

原屬鐵線橋堡，國民黨政府執政後，遂將姑爺、刺桐腳、挖仔三庄集合成一個里。姑爺里位居新營區西南方，北、西銜接鹽水區，南與鐵線、五興兩里毗鄰，東連角帶里。

鐵線里地處新營區最南的位置，幾乎為急水溪環圍，西面臨鹽水區，南方銜下營區，北邊則與五興里相接。

日治時期新營店鋪街

日治時期鹽水港製糖新營糖廠

往鐵線里路上的急水溪堤防附近，路標指出鐵線橋

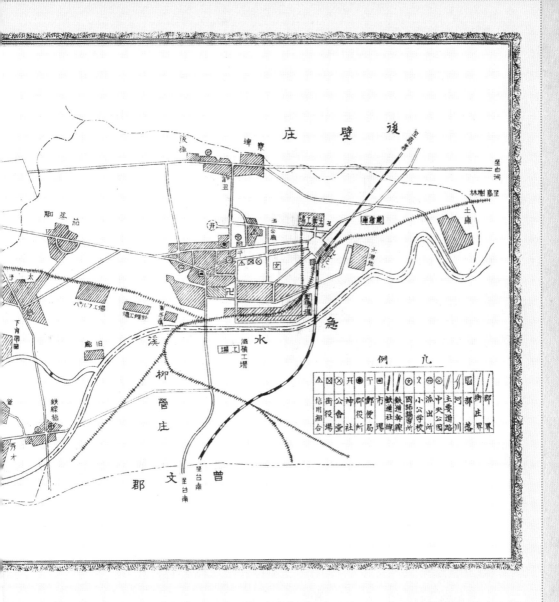

日治時期新營街公會堂

進入姑爺聚落的道路

新營

　　數次在夜晚抵新營區，屢屢走出火車站，心裡總是納悶，西部鐵道沿線的城鎮火車站前，普遍是熱鬧且燈火通明，尤其每個城市火車站前不可免的「中山路」。然而，走出新營火車站總是一片黯淡，沿著中山路走也是極為冷清。直到這回為了新營老地名的踏查，在一家老食堂遇見在地長大的老闆，答案才揭曉。老闆說新營火車站前的不熱鬧，主因是當地的地主們不願意釋出土地，故而致使新營火車站前一直無法開發發展。

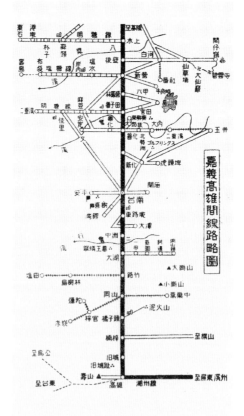

　　那麼，新營的地名起源又如何呢？

　　1661 年，鄭成功登台後，為了數以萬計的官與民，於是施行了屯田制度，所謂的寓兵於農，就是駐軍（即「營盤」）就地開墾之田稱為營盤田。1662 年，鄭先開拓了現今鹽水區舊營里一帶，後來，這一帶發展起來，

鹽水港

堡里名	街庄名上	土名
鹽水港堡（鹽水港廳）	鹽水港街	
	上庫庄	菜公堂、上帝廟庄
	竹仔脚庄	竹仔脚
	溪洲寮庄	頂溪洲寮、下溪洲
	岸內庄	岸內
	下中庄	烏松脚、下中
	孫厝寮庄	孫厝寮、牛稠仔
	飯店庄	
	番仔寮	番仔寮、蕃薯
鐵線橋堡	舊營庄	後營、舊營
	番仔厝庄	番仔厝
	田寮庄	蕃薯厝
太子宮堡	新營庄	苏苇脚、新營
	太子宮庄	太子宮
	萬廍庄	萬廍圍
	下角帶圍庄	下角帶圍
	竹仔脚庄	竹仔脚、埤仔頭
	天保厝庄	天保厝
	水頭庄	水頭港
	姑爺庄	姑爺

遂朝東方擴大屯田，以承天府、安平鎮與二十四里為中心。伊能嘉矩撰寫的《台灣文化志》下卷中記錄著：「其拓殖區域，始之承天一府、安平一鎮，而以南北附近的文賢、仁和、永寧、新昌、仁德、依仁、崇德、長治、維新、嘉祥、仁壽、武定、廣儲、保大、新豐、歸仁、長興、永康、永豐、新化、永定、善化、感化、開化等二十四里為中心，漸次向外開展，南至鳳山、恆春，北迄嘉義、雲林、彰化、埔里社、苗栗、新竹、淡水、基隆各地。」是為鄭開墾的二十四里。後鄭再沿前荷人拓展的區域經營，屯營墾殖。爾後，在今日的新營區中營里一帶新設營鎮持續拓墾，待開墾有成，於是稱為新營，而當今的鹽水區舊營里，於昔日即稱呼「舊營」。

　　走在今日的新營街衢裡，如何想像十七世紀的新營呢？我想，唯有憑賴史料文字，以及地方耆老的口述，方能提供更多關於這個老地名的佚失拼圖，以及重組的可能。

姑爺里

挖仔

　　姑爺里雖隸屬新營區，但自市區前往姑爺，路途不算短。看到姑爺的指標後繼續前進，後停駐在一個聚落小路上，但並不確定這裡是否就是姑爺里。被四周農田包圍的安靜聚落，終於看見一堵紅磚牆外有人在說話。向前打了招呼，才弄清楚腳下地理位置是姑爺里的三聚落之一的挖仔，而持手機講話的人正是姑爺里里長王月順女士。

　　趁此開門見山的請教王里長，關於姑爺地名的由來。她說，當年鄭成功的妹妹鄭婉下嫁給本地一個叫楊瑞璉的人，所以才有姑爺這個地名的發生。這是她初淺的了解與概述。

　　倒是「挖仔」這地名頗耐人尋味。王里長表示，挖仔是姑爺里其中的一個聚落，這裡的地名有流傳兩種說法；因為挖仔溪（現在的急水溪）從隔壁的角帶里聚落經過後，遂在聚落附近形成一個迴彎（挖，台語「彎」的諧音），故以此命名之。日後，又有一說，傳云挖仔拓墾、開天闢地的開基祖名字叫陳挖，且挖仔聚落幾乎都姓陳，所以為紀念過往的陳挖，遂稱呼此地挖仔。王里長的先生是本地人，他說早年挖仔有一間廟，廟裡供有陳挖的神主牌，後來大廟被日本人燒毀。寺廟的舊址位在朝隆宮

廟宇現址的後面，朝隆宮祭祀供奉有媽祖和六府千歲，一般的寺廟都僅祭拜五府而已，為什麼挖仔大廟會稱為六府？聽說是因為多供奉了一位陳挖。

挖仔的朝龍宮供奉的神，有一別名叫「賊仔王爺」，據王里長和她先生的說法，小偷潛進挖仔偷牽水牛後，因為做賊心虛，遂將牛隻牽去大廟前拜拜，誰知才拜完，水牛就變成黃牛，失主當然認不出他原有的水牛了，所以稱為賊仔王爺。

姑爺里目前有二百五十餘戶，雖然是新營區第二大的里，然而人口卻成反比，僅六百多人，且以老人為眾，幾乎務農。

挖仔聚落街廓

挖仔的柑仔店

目前大部分田地休耕，多栽種農用的飼料玉米。台灣農村的人口外流與老化，致使務農人口短缺，這個問題對台灣農業而言已經面臨重大的難題。

姑爺

　　嘉南平原上的聚落格式、樣貌，相差無幾，皆以集村形式群居，姑爺聚落亦然。乍入姑爺聚落，仍為這寥落而安靜的空間所散發的孤寂氛圍震懾，除了進入姑爺前在路旁的那些植栽工人外，進入聚落仿如進入深淵或海底。

　　姑爺的信仰中心是代天府廟宇，按照往常的經驗，進入聚落較容易找到說話對象的耆老，通常皆集會在廟口。在供奉五王公（五府千歲）、佛祖媽（觀音）的代天府大廟內，遇到了定居姑爺七十八歲的林惠女士。林女士說，林姓和楊姓在姑爺屬大姓。關於姑爺這個地名，她小時候就聽聞老一輩的人說過，這個莊名是國姓爺（鄭成功）時候就叫姑爺了，

姑爺的信仰中心代天府

土生土長姑爺人林惠女士

不過自己對姑爺的歷史來龍去脈不甚清楚，但楊姑爺的祖厝還在，而且已經翻修過。她說，從前這裡有一塊下馬牌，意即大官、小官入庄時候，就得下馬以示尊敬，從前的人不知那塊牌是「好咪啊」（好東西），竟把它拿去當豬舍的門擋，結果被豬仔撞壞了。林惠再三保證強調，全台灣絕對找不到第二個叫姑爺的地方了。她回憶說，以前揹小孩去鹽水區眼科診所看病，護士小姐填寫病歷資料時問她住在哪裡，她回答說住在「姑爺」，結果，護士聽完後大聲嚷著說，我攔少奶奶呢還姑爺咧。護士小姐也不知道有姑爺這個地名而鬧出這個笑話。

姑爺聚落帶有極濃的傳奇色彩，原因是鄭成功的妹妹鄭婉，但這段歷史並未紀錄在正史中。相傳楊瑞璉是姑爺莊的開基祖，而其夫人即是鄭婉。也因為鄭婉之故，楊瑞璉的身分在鄉里間人們俗稱他「楊姑爺」，姑爺地名遂因此而流傳下來。

林惠說以前楊姑爺的墳墓被大水淹沒後，埋在土底無法勘挖，包括墓埕的十二生肖石雕和古董，現在都沉入地底化成農地。

姑爺目前有六、七十戶落籍，人口老化的嚴重。提起這間代天府，林女士說廟裡供奉的鎮殿五王公，據說是泥塑而

非木雕，因此無法將祂們請離開代天府。

　　姑爺以前還有一棵老榕樹，林惠小時候就常在樹下和偌大樹洞裡遊戲，可惜老榕如今也不復存了。

　　離開代天府，在楊姑爺的祖厝前流連許久，安靜的周遭不見有居民走動。冒昧地叩敲楊家祖祠旁的樓房大門，等了好一會兒，終於有人出來應門，是楊家的後裔。已經退休的楊先生從前在外地工作，後來為了照顧年邁的父母才返鄉。他帶我進入祖厝內，去看祭祀祖先牌位和廳堂。他說這房子蓋了約歷經五十年時間，祖先牌位本來被隨便擱置在目前居住的屋子旁邊巷口，用簡陋的雨棚遮住，後來族人才蓋了這間祠堂供奉。楊先生證實說，他們的祖墳確實被埋沒在別人的農地裡，而且也找不到位置了，但奇怪的是，原本那塊可能是祖墳位置的農田，墓地外圍栽種的農作物都長得很好，唯獨昔日墓園那方地都長不出新的莊稼。

　　如果以鄭成功治台的時間推演，其妹鄭婉若果真的出嫁

楊瑞璉祠堂大廳

楊瑞璉祠堂匾額

至昔日姑爺莊，那麼，姑爺這個聚落著實已經走過三百餘年的歷史了。

鐵線里

鐵線橋

鐵線橋的地名極有趣而耐人尋味。有趣與耐人尋味，是因為抵達當地才發現，這裡並沒有鐵線做成的橋，或者說鐵線與橋；小小聚落只有「古樸」二字可形容。

《續修台灣府誌》的記錄：「倒風港分三叉，……北為鐵線橋港。」、「茅港尾橋、鐵線橋二橋俱在茅港尾保。」1717年，《諸羅縣志》寫道：「鐵線橋、茅港尾橋俱屬開化里，二橋各為一港，相去十里……。」1766年，在通濟宮的「鐵線橋碑記」重修，上書載：「維橋鐵線南北通行也，前人刱（同創）造立渡，由木而竹，由竹而木……。」

而「鐵線橋」到底是本身即地名，或者是橋名衍生成

地名？儼然已不可考。另有一說，鐵線地名，譯自荷蘭語「Terramisson」，不知道是否為後來漢人入墾後，因為河港而築橋才稱為鐵線橋？

在通濟宮旁經營柑仔店的八十二歲老先生王明通，一回憶起生長的鐵線橋昔日即侃侃而談。鐵線里的大姓是蘇姓和柯姓，而他的阿公曾聽說比阿公更早的年代，小商船可以行駛到通濟宮前面。從前，通濟宮前面是一片繁華商港，所有貨物都從布袋港分裝航運載來。這裡的熱鬧，從王先生曾聽過一個住在六甲區的澎湖人說起鐵線的囊昔，即可知其一二。那人是布商，王明通認識他的時候，布商年歲已高，他說當年做買賣都來鐵線補貨，而其他地方的商家，也都來鐵線做生意，甚至住在姑爺的人也都來這裡消費和買賣，可見當年鐵線里有多麼繁榮。

王先生對於鐵線的地名由來確實不知道，但他說在戰後曾有軍隊至此演習，拿著軍用地圖按圖索驥，說這裡有一座橋，但橋在哪裡從來沒有人知道。王先生說，據傳從鐵線往柳營

鐵線里聚落一隅

鐵線里經營老柑仔店的王明通先生

的那條路稱之「軍路」，那麼，他臆測橋有可能在那個方向。
但他也聽說，這裡早年最頻繁的稱呼是「鐵線」與「橋頭」
二個地名。他推敲橋頭之說，可能是當年通濟宮前的商港（急

重修之鐵線橋碑銘

水溪的分汊港），有一座橋通
往東方的下營，下營的那頭靠
近中營里的地方，也有一個地
名就叫「橋頭仔」。後來河道
改弦易轍，這裡的商港漸漸淤
積消失了。

鐵線橋之役

1895 年，這裡發生了一段
抗日的「鐵線橋之役」，王先
生也略有耳聞。當年聽聞日軍
要來占領該地時，當軍隊攻進
鐵線，莊內的宋江陣即持傢俬

與日軍拚命。這段抗日歷史根據文獻記載，日軍攻入鐵線橋，有四十餘人死傷，五百多人被逮捕，數個村落被燒毀。而那時的日軍據守橋北，鐵線的百姓堅守住橋南。事件發生過後，鐵線里遂被喻為抗日聖地。

鐵線橋事件

1895 年（明治 28），9 月 12 日，日軍占領鐵線橋（今新營市鐵線里）後，麻豆士紳郭黃泰等人聞訊紛紛響應，投入抗日活動。他們集結號召鐵線橋各莊頭的宋江陣隊員，由兩千多名居民組成「抗日義勇軍」圍攻鐵線橋。鐵線橋義勇軍與日軍隨即展開歷經兩日激戰，日軍死傷四十多人，義勇軍死傷一百有餘，此抗日戰役在歷史上稱之「鐵線橋事件」。

鐵線里老街

鐵線里在十月的這個季節，農產都以玉米為主要耕種作物。

王先生的雜貨店已有百年歷史了，三十多年前也是別人頂讓而他接手經營的，在此之前，這小店也經營過棉被、餅

店等，堪稱鐵線里歲月的小縮影。他經營的雜貨店門前那條老街，據聞是現在的新營區還在新營鎮時期最老的街衢之一。

拜訪鐵線里的同時，曾發生一樁盤查插曲事件可順帶一提。當騎乘租來的摩托車進入鐵線里不多時，在一間空屋屋簷下停妥摩托車後，逕去參觀通濟宮。走出通濟宮後，竟然有巡邏警察早以尾隨追查摩托車和身分，當下，甚感驚訝。警察之後，又有里長前來關心。這是警民合作的最佳體現，畢竟，社會的不靖與複雜，對於一個老弱婦孺占有大部分人口的聚落，身家的維安唯有如此才能落實。

通濟宮為縣定指定古蹟

通濟宮

1809 年，鐵線橋創建通濟宮，目前寺廟已被列定為三級古蹟。宮內祭拜的係自福建湄州迎來的媽祖神像，信徒遍布在附近的二十六莊，當地人通稱為「橋頭媽」。

通濟宮拜殿

地理大觀

來自地形地物的地名身世

　　《圖說台灣地名故事》一書寫道：「地名必定含括自然地理位置以及人們對土地的利用兩個重要概念。愈是密集開發，居住人口愈多的地方，其地名的分野往往愈細緻。」台灣島嶼的地形地貌十分複雜，大約可分類成峽縱谷、斷崖、隆起的海岸平台、盆地、海岸平原、台地丘陵等。而新來乍到的移民者或殖民者，面對這片土地上如此繁複的風物，必定目眩神迷，也因為多元風貌的地理地形，致使許多地名跟隨生活的地理環境應運而生。

　　以台灣原住民依據地理位置命名而言，花蓮縣玉里鎮的原地名，可能來自布農族的語言，其涵意為秀姑巒溪的滾滾沙塵；另也有屬於阿美族之語「paheko」的譯音，是蕨草的意思。台東縣知本有另一個地名叫「Trengalr」，為崖之意，比喻知本部落的勢力強大，常接受周遭部落對其納貢，而使知本穀倉堆積如崖；另有一說，最初稱知本為「Togaru」，也是崖的意思，地名源自它所在位置的地形。至於我們熟知的新店區的烏來，源自泰雅族的「Urai」之轉譯，在泰雅族人的語言裡，指的就是溫泉。台北市士林區，原是平埔族「Pattsiran」，語譯成八芝蓮林，也有溫泉的意思。至

於平埔語「Takao」（打狗）的高雄，其原來的意思也有竹林或竹圍一說。

　　再以漢人移民進入台灣開墾觀之，當進入一片荒山野地，他們勤奮拓荒，建屋、闢路，將地勢填高或夷平土地，以利種植耕作維持生活，故此，許多原形地貌因而改變或消失，唯有透過原始地名去推測當時的地形特徵。睹微知著，若以小地方所衍生的地名來探討，或許可以追究當時地形的原貌。

　　以「坑」為例，它是屬於較大的河流中之谷地但地形短促。這類地名幾乎分布在台地上，如雙溪區的遠望坑、新店區的安坑、龍潭區的打鐵坑、南投縣的松柏坑（現已改名松柏嶺，是一刈香的聖地）、埔里鎮的一新里，老地名稱「刣牛坑」，其由來是原住民抓走漢人飼養的牛隻後，牽到一個牛洞裡殺食。

　　再以「崙」而言，一是因風吹沙堆積而成崙，普遍分布在海濱或河床的沙洲上；一是平原上的小丘或高地。從前搭乘返鄉客運，總得輾轉到松山區的中崙總站搭車，過去從擺接堡加納仔莊的土名中崙到中崙莊、中崙町，日治時期還曾因為地勢而成為掘取砂土的地點。雲林縣的崙背鄉、雲林縣埔姜崙（現為褒忠鄉）、雲林縣四湖鄉的三條崙、嘉義縣太保市的崙仔頂、屏東縣竹田鄉的二崙，上述雲林和嘉義二縣幾乎都傍海倚溪而生，故「崙」在二縣裡，尤為顯著。

　　還有「坪」，指的是高而平坦的地勢。以「坪」命名者，為茶業聞名遐邇的新北市坪林區最為著名，另有金山區的溫泉鄉——焿子坪、頭份鎮的斗煥坪、小港區的大坪頂。

我們熟稔的與「湖」相關的地名，有北投區的竹子湖、台北市的內湖區、新竹縣的湖口鄉、新竹市的青草湖、苗栗縣的大湖鄉、雲林縣崙背鄉的草湖、四湖鄉的四湖。

而「窟」和「崛」，原指野獸動物的洞穴。有關窟和崛的地點，包括有台北市南港區的山豬窟、新北市石碇區的鹿窟，是發生於50年代的「鹿窟事件」地點，還有桃園市觀音區的下大崛。

「崎」所指的是高低之間的上下坡。常見的地名，有苗栗縣後龍鎮的崎頂、嘉義縣的竹崎鄉、中埔鄉的三層崎。

「壢」為台灣客家族群特有地名用字，尤以桃園、新竹地區屢見。壢有澗谷的意思，等同閩南語的「坑」。常見者有桃園市中壢區、桃園市觀音區小飯壢、新竹縣寶山鄉德沙湖壢。

「墘」的地形多分布在溪河、潭、海等位置；「崁」是成陡直的崖面，或河階等；「湳」、「坔」此二種地形易積水，土地比較不堅實，這些是日常屢見之地名所使用。例如板橋市的埔墘、豐原區的車路墘、東石鄉的港墘。桃園市的南崁、竹北市的三崁店、朴子市的崁前與崁後、澎湖縣西嶼鄉的二崁聚落。至於「湳」、「坔」，包括有板橋市的湳仔溝、士林區的湳雅、民雄鄉文隆村鴨母坔等地。

最早移民進入台灣拓荒的前人，他們常以組成聚落附近的地形當做取地名依據。學者洪敏麟認為這些可能依山傍水的地名，為我們遺留下最初開墾時候的原始景觀，深具庶民生活的歷史考據與啟示意義。

秀姑巒溪的大港口──靜浦

靜浦村位於花蓮與台東兩縣交界，為花蓮縣最南端之村
落。靜浦東臨太平洋，西倚海岸山脈，南接台東縣長濱
鄉，北與港口村對望。部落地形狹長多山，少平原且河
川湍急。靜浦村由北而南又包括靜安、靜浦及三富橋三
個部落。台11線由北至南貫穿全村，往北為花蓮市，
往南到台東縣，還有瑞港公路可至瑞穗鄉。

村內由北至南分別石梯灣、石梯坪、港口及大港口。主
要交通幹道為台11線貫穿。東臨太平洋，往南過秀姑
巒溪接鄰靜浦村。

日治時期鳳林市街

靜浦造街街景

靜浦部落台11線道

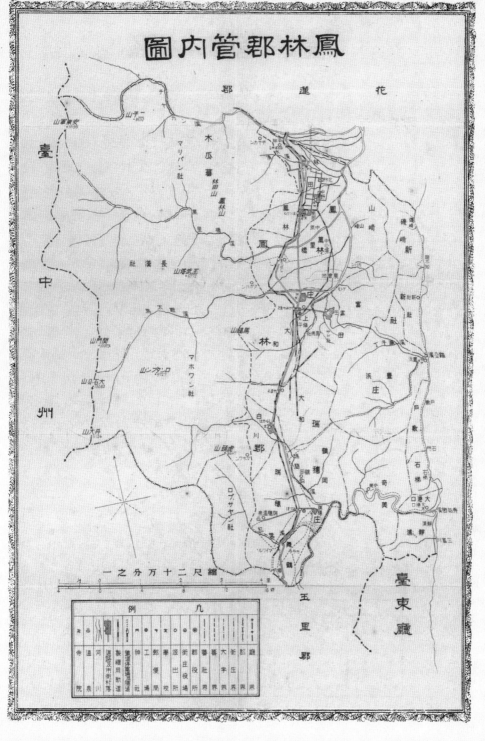

鳳林郡管內圖

太巴塱・光復

祖先登陸之地

每個星期的一、三、五，在天主教堂旁的廣場，靜浦部落固定舉行老人的關懷文化日。這天剛好是靜浦老人集會的日子，聚會的老人清一色為女性。在她們排隊等候用餐前，藉此機會採訪了吳金花女士。

八十三歲的吳金花是從花蓮縣光復鄉嫁至靜浦，先生原在太巴塱（Tafalong）部落的小學教書，相識結婚後，才在 1959 年舉家走路遷回出生地靜浦。太巴塱是阿美族最大的部落，後日本人來此，看見此處水田的豐饒，遂改名富田村。日本人走了以後，富田才重劃區分出四個部落。一直到 1964 年，靜浦這裡的公路才開通，從前要回去光復鄉一趟，必須從靜

浦走路到樟原才有公車搭乘。

吳金花說祖先最早是從他處飄流到秀姑巒溪口上岸的。靜浦原隸屬港口村的區域，戰後 50 年代才重劃分出。靜浦地名在日語叫 Shizu-wa，是阿美族的「納納社」（cawi'）。阿美

族語的「cepo'」，意思為秀姑巒溪的尾巴（出海口），意指現在的大港口，而「Cawi'（或 saw wa）」，指的是靜浦後山山坳裡的平地，也是族人傳說中祖先的上岸地；另有一說，部落原名「Dafdaf」，亦即現在稱謂「Cawi'」的靜浦部落。

　　秀姑巒溪出海口處有一座「溪卜蘭島」，是靜浦另一座部落遺跡，地名來自於阿美族語「茲卜阿（出海口）」和「咪卜濫（樹枯死後再生）」的結合，其涵意為族人在河口處再生的意思，而這也是根據傳說族人從外海島嶼漂流而來，定居於此後，子孫綿延所產生流傳的地名。

豐收慶典

　　關於靜浦人的生活文化，最早部落人口集中在靜浦國小一帶，直到今日，居民仍以農漁業為主。吳金花剛搬回靜浦時，她還記得當年漁民出海捕魚仍乘坐小船，直至 70 年代才開始有馬達船的出現。像孤島一樣的靜浦，農業發展在以前非常艱難，每當平原的稻米收成後，因為交通不便所以無法

銷售到外地，部落的族人甚至扛或揹米去外地販售。吳金花小時候即曾目睹。

　　靜浦的豐年祭訂定在每年的 7 月 19 日，於太陽廣場舉行為期四天的活動。從前豐年祭舉辦的時間按照慣例自台東開始，然後往北一個部落接著一個部落輪流舉辦。若夏季遭遇天候不佳，如颱風等天災，祭典就必須延期。後來因為氣候因素，各個部落從此就自行決定豐年祭祭典的時間。

大港口事件

　　「cepo' 事件（大港口事件）」是靜浦阿美族人歷史的傷痕。國立東華大學的圖書館現在仍保存吳金花口述「cepo' 事件」的資料，日本人甚至也曾到台灣找到這本書作為論文書寫的參考書。

　　和吳金花聊及「cepo' 事件」，她說大約五、六年前，曾受邀到小學去講述發生在靜浦的這個歷史大事件。此事件在她的家族裡流傳了數代，從祖奶奶轉述給曾祖母，後曾祖母又透過口述給先生的阿嬤。

靜浦國小內的紀念碑

大港口事件

由於沈葆楨的「開山撫番」政策開放漢人進入東部，計畫移墾。1877年駐軍統領吳光亮主持，開闢自古地名水尾的花蓮縣瑞穗鄉到豐濱鄉大港口的道路。所有伙食與工程的進行，皆由阿美族負責和勞役。由於過度壓榨阿美族，以及重苛稅金，終於爆發阿美族人的起義。

1877年清駐兵分布到水尾以北各地；此時，位於水尾附近的烏漏社（今瑞穗鄉鶴岡村）率先奮起抗清，後烏漏社遭清兵攻陷，事件延燒，阿棉山（今豐濱鄉港口村）、納納（今豐濱鄉靜浦村）等社後來也加入戰局。是年七月，奇密社（今瑞穗鄉奇美村）不服清官，納納社（Dafdaf，靜浦）部落頭目馬耀珥炳（Mayaw'Eping）派青年抬轎赴瑞穗開會，柯福鷗（Kafo'ok）等人伺機殺死通事林東涯，終於爆發阿美族部落群起對抗清兵，事件從此揭開序幕。八月，吳光亮派遣官員林福喜抵烏雅立社（亦位於今瑞穗鄉鶴岡村）預備去壓制滋事者，結果於途中遇伏潰敗。

奇密社與大港口南岸之納納社（今豐濱鄉靜浦村）互相呼應，聲勢逐漸壯大。此時，清廷緊急調派統領孫開華率領兩個營兵，總兵沈茂勝則率領營兵，還有知縣周懋琦的砲隊，分海路夾攻，阿美族最後不敵清兵的優勢而敗陣。

奇密社事件的發生，主戰場分布在東海岸港口（Makotaay）一帶，而當時清兵殺害一百多名阿美族人，戰場就位在現今靜浦國小內。當年絕大數是大港口阿美族的祖先，因此遂稱為「大港口（Cepo'）事件」或「靜浦事件」。

靜浦國小內的大港口事件遺址

當年事件發生時，吳金花的曾祖父正是學走路年齡，若以此推估事件發生的時間，約莫發生在三百多年前。「cepo'事件」的發生，導致整個靜浦分崩離析，族人各散東西。1959年吳金花來靜浦的時候，都歷海岸的一座廟旁還有保存當年的遺址，後來遭受颱風破壞。當年清兵自台東都歷的天然海岸港口上岸，因清兵追趕，祖奶奶就揹著祖父逃命到瑞穗富源去。後自富源返回時，先抵達花蓮新社暫留，一邊繼續打聽事件是否平息了。之後又遷徙至大港口，仍是打聽「cepo'事件」的發展趨勢。吳金花現在後悔的一件事，就是當初為什麼不跟阿嬤問個徹底，在哪裡出生的？出生多久？躲在富源多久才回來？

據說當年事件之前清兵布署在東海岸各地，總部設在瑞穗，開會或扛運糧食，都由族裡的年輕人兩兩出力。因為族人一直被欺壓，最後揭竿而起反抗的是族裡一位青年，他趁著運送官員往返瑞穗時將其殺害，另有一個夥伴也響應了他

的行動。事發之後才驚覺自己的莽撞，趕緊回到部落向頭目報告，頭目預料大禍即將臨頭了。第一次與清兵的衝突發生在都歷，第二次在大港口，第三次清兵與這個勇敢帶頭的青年作戰，青年不幸戰死，戰場就位在現今靜浦國小內。目前靜浦國小的操場邊，即立有紀念「cepo' 事件」的紀念碑。

　　近來，靜浦部落的景觀有了不同的樣貌，無論是地標、招牌等，都是微笑的太陽。如此陽光般的色彩展現，應該也是為了呼應這裡是朝陽升起的永恆之地。

太陽廣場

太陽廣場是近三年才完成的廣場，族人們傳說，祖先是沿著太陽照射的路線於現在太陽廣場的地方上岸，而這裡也是日出光芒最先普照的地方。

靜浦太陽廣場

行過三重橋泡湯去──八煙

金山有舊名「金包里」，其平原地形由大屯山北麓紅土階地緩坡及磺溪等溪流沖積而成。大屯火山群北西兩側得廣闊紅土階地向海岸向下延伸，極適於開墾種植水稻與旱田。也由於下流的溪河切割紅土階地，形成如八煙聚落的山谷地，供給水源飲用及灌溉。

1930 年代北投硫磺礦山

1930 年代北投溫泉

八煙風光

二重橋遺址，也是通往金山之道路

就地取材建築的民居

大屯火山彙硫黃分布圖，上有三重橋地號名

三重橋

今年已屆八十七歲高壽的蔡阿公，一邊鋤著他的一行田壟準備栽種絲瓜，一邊娓娓而談，八煙的地名大概只有他們這個歲數的人才知道由來，年輕這一代人就不太可能瞭解。八煙幾乎是同一姓氏宗族——蔡姓，他的家族在此已歷祖太、阿祖、阿公、父親、他、兒子、孫子、矸仔孫。

八煙地名與硫磺礦產儼然脫離不了關係，早於西班牙人到來之前，金包里（Taparri，今金山）人即與華商有硫磺買賣的交易了。郁永河在《裨海記遊》裡就有這樣的描述：「金包里是淡水小社，亦產硫，人性巧智。」

蔡阿公說八煙的取名係位於陽明山泡溫泉之地，在日治時期製作了八口鼎，用來煮硫磺，他當年年紀尚小來不及參與。硫磺地因為豎立有八支煙囪，故名。但蔡阿公說，這個土名（非正式的地名）是隨便取的，八煙原來的地名叫「三重橋」。如由金包里往八煙方向行走，會先經過三重橋（阿公量詞用

「一板」，可以推測，當年可能是木橋架構），位在現天籟陽明山溫泉會館處；繼續往上走，則是二重橋；直到接近八煙聚落，才又有一座頭重橋，故此稱之三重橋。

進入八煙聚落前，可以看見數株山櫻花，八煙櫻花樹栽種得早，以山櫻為主要的櫻樹。蔡阿公的田地目前種植有兩棵吉野櫻，其中一棵是南投友人託種的。當時這棵吉野櫻栽種在南投快養不活時，便帶回來八煙種植，直至今日已活了數個年頭，可見八煙土壤肥沃。而梯田形式的八煙農田，以前都種植水稻。

蔡阿公童年的八煙，在牽電火（架設電線）的時候住有二十二戶人家，現在只剩下老人，年輕人都到外地謀生。這裡的屋宇建築都是石頭牆，石材全都是挖掘八煙原有的石頭建築，包括阿公田地的田界壘石亦然，這些田界幾乎自清朝築起至今，已有百年以上歷史，目前有些田壟的石牆則是後來的新建築。當地民居住家外頭，倚牆仍保留有石頭水槽，盛滿涓涓不息的純淨泉水，做為日常用水。

八煙水田

利用八煙特有石材建築的民居

（左）八煙民居引山泉的石製水槽　（右）礦溪支流供水予灌溉水田

魚路古道

　　早年魚販從金山磺港挑魚到陽明山的擎天崗交易，只要翻過山嶺，就有人來收購。以前的魚販會經過八煙，而當年的魚路是一條崎嶇難行的小路，若挑魚去士林則需要花費一天的時間來回。日治時期警察如果抓到私下賣魚的魚販就打，擔挑的物品全部充公，那時候是禁止私販的商業行為，也因為此故，魚路便漸漸式微。從金山步行到八煙需花費兩個多小時，而蔡阿公說他走一趟約花一個鐘頭又四十餘分，真是勇健不減。他在做囡仔的時候，家裡過年時沒有什麼好菜，必須透早出門行走魚路到士林買辦年貨，從士林走回來都已經天黑。而「魚路古道」除了運送魚貨外，茶葉、硫磺，還有牛，都必要仰仗這條長路，所以，古道又有「茶道」、「挑硫古道」之別名。

八煙往魚路古道一景

　　金山街上早年只是一個小小地方，沒有年貨可以買辦。有時候從金山要去基隆辦事，那時候還沒有築造公路，必須自水尾乘坐火船仔。蔡阿公口中砰砰砰的火船仔，指的應該就是現今的「蹦火船」。

　　由於近年媒體大肆介紹八煙聚落，致使拜訪八煙的遊客絡繹。當地隨處

可見諸多告示牌，標示著：「勿擅闖民宅」、「勿踐踏農作物」等標語，可見當地居民生活已遭受干擾。因此來八煙請輕聲與小心行走，切勿擅闖當地居民的私人領域；或帶著敬意傾聽耆老訴說八煙的故事，一起守護這塊美麗的淨土。

蹦火仔

金山一帶漁民，一百多年前就利用俗稱「電火石」的磺石泡水，產生乙炔氣體，再點火引燃進而產生強烈的亮光，去吸引性喜趨光的「青鱗仔」魚群躍出海面，再用「叉手網」撈魚。「蹦火仔」捕魚法兼具生態觀念，不會一網打盡，隨著捕撈技術日新月異，從全盛時期約二十艘漁船，至今僅剩磺港的四艘蹦火仔漁船。

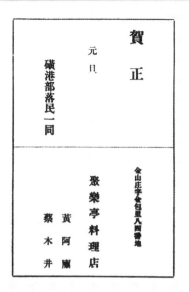

賀正

元旦

磺港部落民一同

金山庄字金包里入間礐地

敨樂亭料理店

黃阿廉

蔡木井

1930 年金山磺港居民元旦恭賀之廣告

往上走即八煙地景代表水中央

圖解台灣老地名

露出溪水看見石底——平溪

平溪區

平溪區位在新北市東北方，居基隆河上游。東面以內平林山等山與雙溪區毗鄰，東北邊隔五分山等山與瑞芳區相接，西方以火燒寮等山與石碇相鄰，南方因枋山坑山等山與坪林相對。由於台灣的造山運動，以及豐饒水文，平溪區因此形成諸多特殊地理景觀，尤其是瀑布群、壺穴等美麗地景。平溪區共劃分包括薯榔、白石、菁桐、石底、平溪、嶺腳、東勢、望古、十分、南山、平湖、新寮等十二個里。

平溪鐵道緊鄰家屋而築，可見溪底的河床，石底　日治時期石底炭礦站場
的老地名從此而來

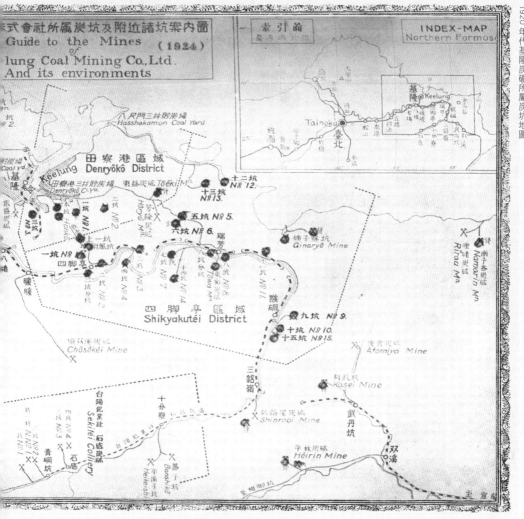

株式會社所屬炭坑及附近諸坑案内圖 (1924)
Guide to the Mines of
...lung Coal Mining Co.,Ltd.
And its environments

一索引圖
臺灣北部圖

INDEX-MAP
Northern Formosa

基隆
Keelung

Taihoku
臺北

八尺門三井貯炭場
Hasshakamon Coal Yard

田寮港區域
Keelung Denryôkô District

田寮港三井貯炭場
Denryôkô C.Yd.

東益炭礦 Tôeki M.

十二坑 Nº 12.

十三坑 Nº 13.

五坑 Nº 5.

六坑 Nº 6.

瑞芳

男隆炭礦 Hôyu Mn.

柿子澤坑
Ginaryô Mine

南子吝炭礦
Namarin Mn.

嶺頂炭礦
Rirau Mn.

一坑 Nº 1 本坑 Honk

二坑 Nº 2

三坑 Nº 3

暖暖

一坑 Nº 四脚亭
四脚亭
坑分坑 Nº 15

二坑 Nº4

三坑 Nº 3

十四坑 Nº 14

七坑 Nº 7

八坑 Nº 8

十一坑 Nº 11

四脚亭區域
Shikyakutéi District

頂雙溪炭礦
Chôsôkéi Mine

台陽鑛業社 石底炭礦
Sekitéi Colliery

十分寮

二坑 Nº 2

三坑 Nº 3

一坑 Nº 1

石底

青硐坑

石底炭礦
Heikeishi

三貂嶺

猴硐

九坑 Nº 9.

十坑 Nº 10.

十五坑 Nº 15.

後宮炭礦
Atomiya Mine

鳥狀坑
Kasei Mine

朗路尾炭礦
Shiroobi Mine

武丹坑

平林炭礦
Héirin Mine

双溪

落子寮坑

平湳仔坑
Bansai坑

菁桐脚坑

至宜蘭

平溪區地景

石底炭礦菁桐坑停車場

石底・天燈

平溪地區的發展，其魅力誘發自豐富礦業歷史底蘊，以及基隆河孕育出的山林生命力量。在鐵道支線尚未開通前，傳說山野布滿原始林木，直至先民後來溯河而上拓墾，聚落於焉而成。平溪鐵道與基隆河支流交錯蜿蜒而行，與平溪的民居緊貼，是一非常特殊景觀。

也因為處在基隆河上游，坡度大、水流多急流險灘，基隆河到平溪這一帶的河谷、河床石頭常探出水面，在地人便喚此地「石底」；另外從學者洪敏麟的描述中，因為此地區公所一帶的河流速度較為平緩，故呼名「平溪仔」。在 1859 年已有文獻出現平溪仔；1912 年（大正元年）水返腳支廳石底區改名平溪區；1920 年平溪成庄，直到今日。

平溪里今日街衢裡，隨處可見販售或裝飾點綴著天燈與天燈圖騰，天燈已然成為平溪聚落備受矚目的 LOGO。1788 年的平溪區，歸轄於凱達格蘭族的金包里、大雞籠、毛少翁等社之社域，直到 1820 年才有胡姓漢人移民入墾，並引進天燈之原鄉文化，這也是平溪天燈發

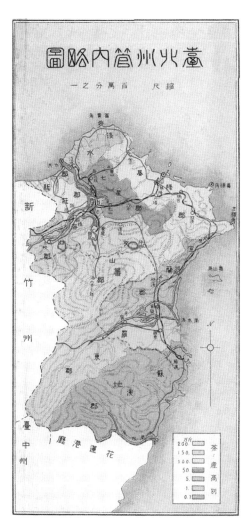

展最初的由來。早期由於平溪山區常有土匪出沒侵擾，居民們為了身家安全躲匿至山上，直到匪徒散去後，遂以點放天燈作為互通平安的信息。天燈發展至今，已經成為平溪極具代表性的文化景觀象徵。

平溪線鐵路

以台灣的鐵道支線鋪設而言，大抵與礦產或其他產業息息相連。就平溪區而言，1906 年平溪地區菁桐里附近的「石底煤礦」被勘掘，1918 年台陽礦業株式會社創立，並動工興築起自三貂嶺迄至菁桐坑的運送煤礦鐵道，於 1921 年鐵道竣工；這就是現在運送旅客的平溪線火車的前身任務。

至於鐵道的源起，學者林衡道曾概述其來由，日治時期

日本的藤田組經營瑞芳金礦，後欲返日遂將礦業轉賣予瑞芳的台灣五大首富之一、也是時任助理警察的顏雲年，當年顏家為開發平溪煤礦，於是建築了三貂嶺到菁桐的鐵道，也就是今日的鐵道支線平溪線。

顏雲年肖像

　　來到平溪聚落，社區的巷道多歧卻風味十足：石板路、社區再造後深具在地特色招牌、老建物的空間再利用等，這個沒落的煤鄉因為冉冉升天的「平安燈」、「祈福燈」再度被發現。

　　基隆河支流竄流在聚落內，因為活水的流動民居變得更加親近。河流靜淌貫穿老村，兩岸民宅搖曳在粼粼波光中。澈亮無瑕的倒影以及河流之上悠閒而過的火車，運行著不同時節的平溪風光。

平溪老街招牌造景

平溪鐵道緊挨民居

客家人開墾鹹菜甕——關西

關西鎮 關西鎮的北方銜接龍潭與復興兩鄉，西方與新埔鎮毗連，南方則有芎林、橫山及尖石等三鄉。關西位於丘陵、山地的地區，這裡本是泰雅族馬武督社（Mautu）的生活領域與空間。關西地處鳳山溪與馬武督溪，還有牛欄河支流交會點之北，屬飛鳳山丘陵、湖口台地，以及加裡山脈。

上南片 南山里 聽聞「關西八景」中南山里就得天獨厚擁有「文祠遠眺」、「馬武連峰」、「南橋踏月」三景，鳳山溪環繞的南山里，四季變化更豐富了田野景象。

下南片 南和里 舊稱下南片的南和里，因位在鳳山溪南岸、下橫坑以西，所以稱作下南片。而在上橫坑口以東的地方則為上南片。

茶園採茶情形

台灣重要物產紅茶與烏龍茶

俯瞰上南片聚落

上南片鳳山溪

新竹州
管内圖

編尺貳拾萬分之一

臺北州

臺中州

圖解台灣老地名

關西

　　清治乾隆年間（1790），在近今日關西與新埔之界，畫
定明確的番界保留位置，以此作為東西方之生熟番界線，並
設隘防番人襲擊。同治年間的資料上，也標示有咸菜甕隘等。
1793年泉州人陳智仁率先招集佃農入墾，1794年因泰雅族人
襲擊而棄莊。陳智仁放棄開墾後，衛阿貴（平埔族）在嘉慶
初年受顧擔任咸菜甕隘首，此際，他開始招徠客家漢佃拓墾。
衛阿貴承前拓荒，墾區稱「新興莊」。1812年咸菜甕的街肆
成形，就是今日老市場與老街的位置。1823年改稱為咸菜硼
街，當時鳳山溪以北幾乎皆衛阿貴開墾的領域，包括了上南
片與下南片。

　　關西地名的由來眾說紛紜，而它又有何特殊意義？學
者洪敏麟述及，「關西」的日語發音與客家人說的咸菜硼
「hamt'suei」近似，咸菜，即一般閩南人所謂的鹹菜，由此，
日人遂以關西「kan sai」命名。

關西鎮牛欄橋

另有說法為關西昔時有啣彩鳳之名。啣彩鳳地名的由來在《新竹縣志續修》紀錄發現關西附近的鳥嘴山上常掩覆白雲，就像啣住霞雲的鳳，故有此說。另外因二戰時期受損而重建，至今有七十年歷史的太和宮，廟裡石柱刻有對聯：「德遍村莊曾記復歌美里；榮膺詔誥且啣彩鳳奠關西」，似乎更具啣彩鳳地名的來源之可能。

《桃園廳志》記載兩種說法，一說當年街肆成形後，附近的溪流內有如鹹菜一般多的魚蝦，遂稱之。另說，關西的地形就像一只盛裝鹹菜的甕，而鹹菜是客家移民勞動時的重要菜餚補給。因此一般多半採第二種說法。

日人伊能嘉矩對鹹菜甕的解釋異於他人，他詮釋地名是與平埔道卡斯族對馬武督溪的稱謂有關。

1920年，日本人將咸菜硼改名關西，是因為此發音接近日語的關西，方改稱呼。

今日走在關西街巷中，早年開拓的第一條老街猶留存，沿著老街可直抵老市場和歇業的關西老戲院。而關西仙草茶最是

出名，在市場內遊走，仙草茶都是裝罐販售，未遇零售杯裝。
老關西是有看頭的，它的街衢裡保留一些時代的遺痕——老屋
與遺址。只是詢問老關西人地名的由來，大抵無法說清講明。

　　至於關西製茶產業的興盛，源於 1916 年日治大正年間，
日本人不但積極獎勵茶作，又引進國外的揉捻機和機械鍋爐等
設備，並建築新式茶工廠，昭和初年的關西街上約莫有七十二
家茶工廠，其中上南片的羅家就占有一半的產業，上南片的
羅家當年勢力可見一斑。

上南片

　　在老街向當地人請問上南片怎麼走，對方手一揮，說斜
坡往下走就到了。站在制高點望
下看，確實不是太遠，但實際
步行過去，方發現目測丘陵地
或者山路，其實是得按實際距
離放大好幾倍才準確。

上南片鳳山溪

　　關西的上南片就是現在的
南山里，要進南山里得過鳳山
溪上的橋。鳳山溪貫穿昔日的
上南片庄，屬於上南片北界，
而上南片聚落背山面溪，它的
地形如同一只畚箕。上南片的
聚落十分清幽，但另方面也看

出這裡人口的老化。魏阿貴在當年的拓墾，即分出上、下南片兩個聚落，1901年屬新竹廳新埔支廳上南片庄，1920年改制上南片大字，1937年稱上南片保，直至1950年南山里名方定。

而上南片地名究竟有何特殊涵意？原來「南片」的意思就是南方或說南邊，因為位在鳳山溪河段較上游的位置，所以即稱之上南片，而「片」，在客語裡有邊的意思。上南片聚落以羅姓、杜姓為大姓，羅姓聚落在關西鎮是具相當規模的單姓聚落特色。1751年（乾隆16），羅家渡海來台在淡水上岸後，輾轉遷徙到上南片，開墾有成後陸續引渡在大陸的宗親到來。關西地區人稱的「羅戀伯」，就是鼎鼎有名的羅碧玉，佃農出身的他，不但買下上南片的廣袤土地，更購下現玉山里的石灰礦山，且於1937年成立「台灣紅茶株式會社」，也就是現今的台灣紅茶公司，此時正是羅家盛世高峰。

羅屋書院

自 1918 年竣工，至今逾百年的羅屋書院建築，創建者為羅碧玉。當年請來的建築匠師是為了修繕關西的太和宮，而羅家順勢起造這幢傳統的客家書院。典雅華麗的建築，有泥塑、木雕、石雕裝飾，其特色與氣派皆可看出當年羅家的財力。擁有百年歷史的「羅屋書院」是近年來的地方文史工作者賦予的稱號，至早期，當地人們稱呼它「河背大樹下新屋」，它所扮演的是私塾角色。占有台灣傳統民宅一席之地的羅屋書院，2010 年已登錄為歷史建築。

今日關西街上的紅茶公司仍轉型繼續營業，而上南片的
書院亦猶在，其建築規模在當年豪華程度，若以當今眼光評
比，絕不輸給所謂的「豪宅」。

下南片

既然有上想必就有下。走完上南片，臆想下南片的地理
位置距上南片應不致太遠，且就位在鳳山溪下游的南河岸。
等到實際上路抵達下南片，才發現它其實已經遠在與新埔鎮
的交界處。

現在的南和里就是昔稱的下南片，位在鳳山溪的南岸，
坪林台地在其東邊，也因為地處下橫坑以西，所以稱為下南
片。

下南片導覽圖

圖解台灣老地名

往下南片的上橫坑橋

下南片街景與民安橋

關　西

過了上橫坑橋，自關西鎮走到南和里約莫一個多小時。這裡地形是由南向北延伸的起伏丘陵地，傳說從前多是雜木原始林，以楓樹（楓樹）為眾。下南片的聚落與上南片聚落相較之下，由於縣道貫穿其間，致使聚落民居散落在路的兩側。再則是因為地形係南北向展延，其間還有四條野溪依山勢匯流入鳳山溪，而形成「窩」的地形，窩，就是山與山之間的地方區域，故而耕地狹少，聚落三兩窩在山間，或者山溪邊。向柑仔店的老闆娘詢問下南片有何特殊的建築或景觀，她說自她嫁至此，並未聽說此地有何特殊之處。

台灣有許多的客家聚落，多半依偎在丘陵地上，也大部分從事果樹種植，在下南片的馬路兩旁即看見大片果園，尤以柑橘為重。走過高低起伏的下南片地形，即可感受到客家族群的硬頸精神，是多麼強韌而深刻！

季風吹到五叉港——梧棲

地理居於台中市鰲峰山西部位置的梧棲區，全區落在大甲溪與大肚溪二溪的出海口平原上。梧棲區的東邊是沙鹿區，西邊瀕臨台灣海峽，南方與龍井區相界，北方則與清水區毗鄰。

日治時期沙鹿市街

梧棲老街民居

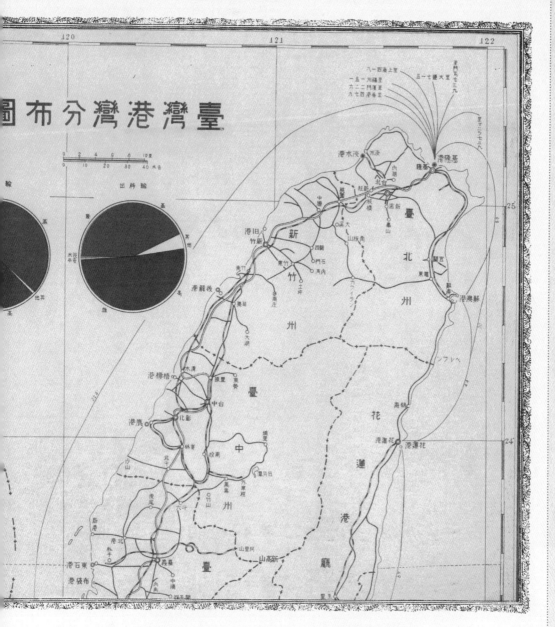

臺灣港灣分布圖

日治時期梧棲公共域場

老餅店見證老梧棲的過往

梧棲老街

　　梧棲地名的出現，幾乎都是在颱風來臨時，媒體報導最大陣風發生的地方，或者是冬天氣溫最低、東北季風最強的所在。沒來過梧棲之前，對這個老地名沿革的想像，總會就字面意義去揣摩，應該是與「吾妻」或「無妻」有關聯吧？直到真正到了梧棲，才發現完全是過度臆想，梧棲與「吾妻」、「無妻」一點關係也沾不上邊，倒是與水有直接關聯。

　　瀕海的梧棲區，因位在從前牛罵溪的出海口分叉點上，除了潟湖分布外，也因其分出支流而形成五條港的景觀，因此，五叉港之名遂應運而生。而其老地名又列有「竹筏內」、「鰲西」、「鰲栖」、「梧栖」等，根據學者洪敏麟與梧棲區美術家黃海泉各異說法，前者謂因位鰲頭之西，後者則稱地處鰲峰之西。現今，在梧棲老街上仍保有鰲西路路名。走在梧棲老街上，昔日的風華歲月仍有跡可循，例如這家中正里里長家的老餅店。

1935年大地震後梧棲街役場前情形

在梧棲老街上，餅店經營的第三代經理人、梧棲區中正里里長的林祝女之母林李彩桑說，餅店已經有103年歷史，由她的公公開始做餅。從店內懸掛的三塊大匾額，即可窺知一二。林李彩桑原是梧棲大庄人，因為發生大地震，七、八歲時舉家遷移來梧棲下寮，二十歲嫁來餅店，當時她負責熬煮豆沙。林李彩桑並沒有上學，所以對於這裡的地名完全不瞭解，

但聊起童年的梧棲老街，她的記憶猶新。當年的老街比較冷清，並不似現在這般熱鬧，後來老街陸續有人經營商店，才慢慢繁榮起來。在餅店內工作的有排行第四的女兒林祝女、排行第五的女兒林碧梧。

老街餅店第二代林李彩桑（右）與第三代林祝女里長（左）

老餅店見證老梧棲的過往

林碧梧提起關於梧棲老地名說，因為大家都顧三頓，忙於工作，比較不會注意這件事情。倒是說起經營餅店的原因，「一開始是做麵龜和新娘餅，因

梧棲老街開發史

舊稱「五汊大街」的梧棲路，早期發跡始自民生街、頂橫街一帶，早年以發展漁業、航運為主，為梧棲鎮的行政重心，由於市集之發展，使得梧棲路繁華一時，而隨著港口運作頻繁，梧棲路兩旁店舖商家亦逐日增加，市集繁榮一時，由於居民多靠海吃飯，民間信仰成為重心，前清時期梧棲老街上共有五座廟宇，可見當時經濟商貿之繁忙。民國24年時的大地震，梧棲路傾毀大半，隨著國民政府遷台且經實施台中港都市計畫，街市發展及行政機關皆移至文化路上，導致梧棲老街繁華景象逐漸退去。而透過梧棲老街再造及文化資產保存手法以活化老街，梧棲老街之文化及故事將會延續下去。

為鄉下地方廟會活動多，因此製作麵龜、糕餅、喜餅的生意比較好做。像在冬至這天的前後日子就會有很多客人買糕餅拜拜，這是比較大宗的生意。」走在梧棲老街區內，數百公尺不到範疇內，就有超過五間的寺廟，在朝元宮裡，即看見有人正用麵糰製作的一頭羊祭祀著。以前梧棲的討海人，出海捕捉烏魚也都會攜帶糕餅出海，早年烏魚盛產豐富，但現在都已經減產了。六十二歲的里長林祝女記憶較深刻的梧棲大事件，便是仍在就讀小學時所發生的八七水災，「這裡災情非常嚴重，水都淹進屋內了！」另一個原因是因為這裡傍海，以前海岸尚未淤積，海岸線距離老街其實並不遠。

　　這間餅店並未考究門面的修飾與裝潢，店內製作糕餅的傳統紅龜印是老梧棲的時間印戳，如此簡單樸實，更符合老街的精神本質。

五叉港

　　梧棲區廟宇林立，在保安宮工作的耆老，找來耆老朋友紀朝基幫忙口述老梧棲的過往點滴。

　　經營金銀紙錢的八十歲紀朝基說，現在的錦成橋，在日治時期前是竹仔橋，戰後地方人士改建成木板橋，錦成橋下的水源來自谷關，河水是可以飲用的，昔時溝渠的深度高於一個人的身高。然而，自從梧棲區開發後，原來的農用地和這條河流便引渠他用，河道便被填平。梧棲的老地名在地人稱之五條港，他說：「梧棲原來由北而南有五條河港，也稱五叉港，以街仔尾的錦成橋之河為主要河港，也是船隻的吞

（一四五）

圖解台灣老地名

吐口。」

　　長興宮是新廟，早年的吉府千歲已拆除。現在的長興宮從前稱頂車埕，船隻在此出入卸貨，是五條港貨物出口的集中地；而現在的萬興宮，也就是蘇府王爺，從前是下車埕，是貨物交易買賣港。昔日住豐原或彰化的商家，都來這裡做買賣生意，可見老街榮景一斑。而五條港的消失，是在二次大戰後的年代，當年每一條河港就有一座橋，當地人都用「溝」來稱呼河港名。紀朝基憶起戰後童年，中國的商船都還來此停泊。自他懂事後，猶記得當時商船上有碗、鹹魚、海產等貨物，當年的船行、郊行都還存在著。不過在他十歲那年以後，因戒嚴實施，梧棲即又港禁了。

　　梧棲區最早的發展年代始於 1770 年，當年已與中國進行

戎克船的貿易往來。1785年梧棲的大庄及鴨母寮（今永興路一帶）拓墾始，街市形成。直到清治時期淤沙漸積，梧棲港口功能漸失。雖說現在大家都稱梧棲港，但港口已非單在梧棲。原是小漁村的梧棲，先是日本人以梧棲港為計畫漁港，後擴大為新高港築港工程，但因二戰而停頓。戰後再被徵收大面積的海埔地，為了橫跨梧棲、清水、龍井的十大建設之一的台中港，致使原本仍以筏仔出海捕魚的梧棲下寮居民，因故失去了海上生活。梧棲港後來被收納為台中港一角，也僅掛名而已，漁港的現址其實已位在清水區內。然而，即便老港口已不再，但風韻猶存的梧棲區老街，更具另番看頭與迷人的時代氣味。

下車埕遺址的信仰中心萬興宮

大台北海灣處──唭哩岸

北投 位居台北盆地最北端的北投區，東邊與台北市的士林區毗鄰，西則隔著淡水河與新北市的淡水區為界，南方則以淡水河、基隆河與士林區相隔，北面與新北市淡水區、三芝區及金山區相偎，面積僅次於台北市士林區。

唭哩岸 唭哩岸在舊方志中分別有「奇裏岸」、「淇裏岸」的名稱紀錄，據《淡水廳志》載：「淡水開墾，自奇裏岸始。」過去有凱達格蘭族奇裏岸社在此生活，漢人入墾後成為大台北地區較早開發的地點。今設有捷運唭哩岸站。

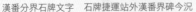

漢番分界石牌文字　石牌捷運站外漢番界碑今況　豎立在廟埕的慈生宮歷史沿革碑銘

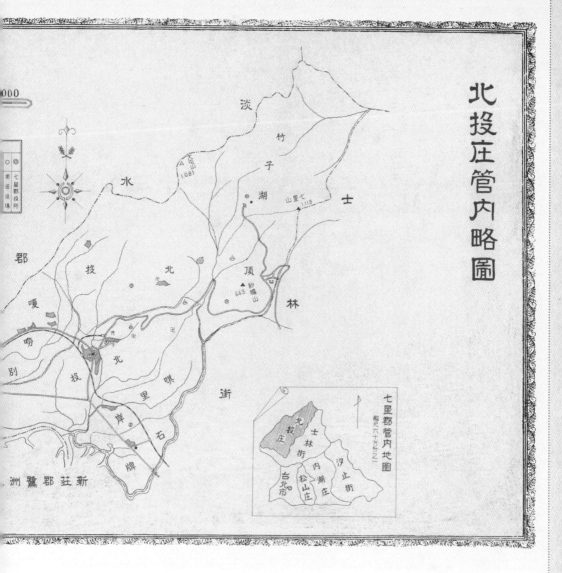

北投庄管内略圖

七星郡管内地圖
縮尺六十万分之二

明治年間北投溫泉全景

今捷運線是昔日的台鐵火車淡水線

北投採硫

　　北投區可區分出大屯火山群、平原山麓區域的台地，以及關渡平原區域三大地形區。平埔族凱達格蘭族是北投區曩昔的主要社群，主要的三大社群有北投社、嘰哩岸社、嘎嘮別社。爾後，嘰哩岸社與嘎嘮別社併入北投社。

　　十七世紀西荷時期已開始以硫礦與外人交換日用品外，清治康熙年間撰寫《裨海紀遊》的郁永河也曾至此開採硫礦，他在書中生動地描述了北投的硫礦坑景象：「復越峻坂五六，值大溪，溪廣四五丈，水潺潺巉石間，與石皆作藍靛色，導人謂此水源出硫穴下，是沸泉也。余以一指試之，猶熱甚，扶杖躡巉石渡更進半里，草木不生，地熱如炙；左右兩山多巨石，為硫氣所觸，剝蝕如粉。白氣五十餘道，皆從地底騰激而出，

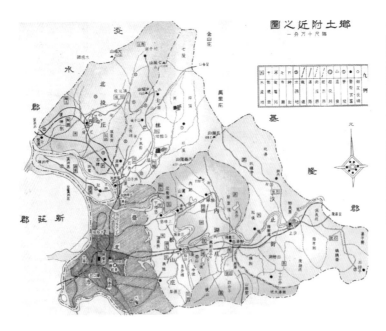

嘰哩岸

七星郡鄉土附近之圖，可見北投莊嘰里岸特產石材

沸珠噴濺，出地尺許。余攬衣即穴旁視之，聞怒雷震蕩地底，而驚濤與沸鼎聲間之；地復岌岌欲動，令人心悸。蓋周廣百畝間，實一大沸鑊，余身乃行鑊蓋上，所賴以不陷者，熱氣鼓之耳。」保留下當時的北投溫泉鄉與硫磺泉地熱的獨特景觀。

唭哩岸採石

搭乘台北捷運過石牌站後，常聽廣播「唭哩岸」（Qilian）站到了。唭哩岸的地名如此特殊，初次路過乍聽見這地名，內心非常困惑：「這是台灣的地名嗎？」自唭哩岸捷運站出站後走入唭哩岸社區，對於眼下已鋪天蓋地的高樓，要勘掘唭哩岸的過去著實已難。

　　1642 年荷蘭占據台灣一路向北，並在淡水設置地方會議區，包括唭哩岸社在內，北台灣的平埔族社幾乎全部納入

荷蘭人的轄區。根據 1650 年荷蘭東印度公司所作的村落統
計資料內，就發現「嘰哩岸」三個字已被記錄，荷蘭文寫為
「KIRANANNA」，有十三戶，五十人左右。又在《淡水廳志》
卷二〈封域志〉中載有：「淡水開發，自奇裏岸始。」學者
翁佳音的研究中，1654 年荷蘭人所繪製的「大台北古地圖」
上，就有「嘰哩岸」的地名。1721 年黃叔璥著撰的《台海使
槎錄》，也有「奇里岸社」的出現。屬於北投區的嘰哩岸，
便是從前平埔族凱達格蘭族北投社的其中一社，其地名眾說
紛紜，如「嘰哩岸（Kiligan）」、「奇里岸」、「淇哩岸」等
說法。然，大抵是轉譯自凱達格蘭族人的發音。嘰哩岸社位
在舊淡水河朝北突出的河灣地，其地形狀似海灣，因此，嘰
哩岸社的平埔族人便稱這裡為「海灣」。

　　但望著眼前滿是高樓的社區，如何想像當年這裡竟會是
一個海灣？而嘰哩岸的地名背後，究竟有何鮮為人知的特殊
意涵？在地人恐怕也說不完整嘰哩岸的故事。

　　步出捷運站行走約五分鐘的腳程，即可抵達位在立農街，

嘰哩岸

嘰哩岸信仰中心慈生宮

慈生宮廟埕的歷史沿革碑銘

建於 1669 年主祀五穀先帝的慈生宮就位在立農街的一至二段路，這裡是最早開發的唭哩岸舊街，明鄭時期就有漢人沿著淡水河到此開墾。在慈生宮的廟埕豎立著斑駁的石碑，上頭銘刻著於大清光緒壬午（1882）唭哩岸的重修歷史沿革：「台北府芝蘭保淇里岸街庄重興」。向廟裡的管理人員請問關於唭哩岸歷史，廟方人員並非本地人，約三十年前從嘉義縣東石鄉遷徙至此定居。這個島嶼上，從這裡到那裡，為了討生活，島民可能是渡海到此，也可能在數百年後離鄉背井，自他鄉異地輾轉南北奔波。

唭哩岸昔時為淡水、北投一帶的農業重鎮，在東華公園山腳下，立有一石碑，鐫刻唭哩岸的簡易歷史沿革，上頭銘刻「……記錄此地為淡北農業發祥地……為當年漢人進墾據點」為重要線索之一；另一線索則為貫流唭哩岸的八仙圳。八仙圳在文獻上的記載，其本是一條天然水道，它的引水取自磺溪和基隆河，長約三千公尺，在清道光年間將之修築成農業用的灌溉水系，亦可飲用，而且可防洪災。在東華公園

山上記載唭哩岸曾經有打石場的紀錄，傳說這裡的石頭是供應台北建城使用，其石頭就倚賴八仙圳載運，而八仙圳已超過一百七十年歷史。

　　日治時期開通北淡公路，卻略過唭哩岸；1901 年興築鐵道北淡線，唭哩岸也未受重視而設站，自此沒落。唭哩岸重見天日，得一直等到 1997 年捷運淡水線的開通，才又被人們記起。而今日的捷運淡水線的各個車站，包括唭哩岸在內，

從前的荒地今日遍地黃金、大樓林立，已非「雨後春筍」這句成語足以形容了。

唭哩岸拓荒碑

唭里岸，亦言奇里岸，淇里岸，平埔族凱達格蘭之社名也。或謂為舊淡水河向北突出之彎曲地，形似港灣，故以岸名之。明鄭之世，為防清兵進攻，曾遣將駐兵，招佃開田，以實軍糈。又傳福建漳州移民，亦曾在此拓殖，並建慈生宮，以為教誠之所。清有臺灣，入墾益眾。雍正間，開七星墩，以灌芝蘭荒埔，遂成淡北農業發祥地。今東華街東側山麓有一古老村落，即為當年漢人進墾之據點。

中華民國七十四年六月　　日

臺北市文獻委員會立

生物奇觀

來自生物奇觀的地名身世

　　當台灣尚未被他族嚴重入侵時，島土上的平埔族人即有馴服野牛的紀錄。在《番社采風圖考》書中，〈服牛〉一文就描述在台灣的深山裡產有野牛，平埔族人集合眾人後，在長竹竿上繫綁用繩索做好的圈套，合力包圍野牛群，再用繩索套住牛頸。野牛性情桀驁不馴不易捕捉，常發怒想擺脫束縛的繩套奔逃。平埔族人會故意放走野牛讓牠逃向別處，直到牠筋疲力盡為止，再將野牛拉回綁在樹幹上。餓了，就餵牠草料，等到野牛完全被馴服後，就可以使役牠。在另一篇〈捉牛〉裡也生動描繪另一種馴牛方式。平埔族人進入山中追趕約百頭野牛，把野牛驅趕進入用大樹幹製作的籠子關住，不讓野牛進食。數天後，野牛脾性自然就會溫馴，平埔族人這時就把牛綁住，然後餵飼牠豆類，直到可以負軛耕田為止，此時的野牛就同家中飼養的牛沒有差別了。

　　十七世紀台灣西部海岸平原上，滿是花鹿和水鹿，在《巴達維亞城日記》有此紀錄：「鹿多而彼等（平埔族人）盛加射殺，肉及皮，使之乾燥，中國人以廉

價收購，或以他物交換。」成群的野鹿動物在十七世紀以後，因外來民族的濫殺捕掠，終致今日的滅絕下場。唯有留下些許關於動物的地名，供予後人憑弔。

現今，樹林區仍留下鹿寮里的老地名；彰化縣竹塘鄉至今仍存有關於鹿寮的地名；雲林縣西螺鎮與四湖鄉各自有鹿場之名；嘉義縣竹崎鄉目前留有一個鹿滿村的地名，在國民政府到來之前，鹿滿村的老地名逕稱「鹿滿產」，據傳這裡有滿坑滿谷的野生鹿群，後來因荷蘭東印度公司每年大量輸出鹿皮，導致鹿群幾近滅絕。

以「山豬」作為地名者有：新北市三芝區的山豬崛、高雄市和山里，其老地名叫山豬窩，起源於附近常有山豬竄沒而得名。

新店區的塗潭里，昔日位於新店溪左岸的山谷，有一個老地名叫猴湖，是咸豐年間泉州安溪蔡家發現的，當時入墾此地常見台灣獼猴出沒於此，故稱之，也說明這個地方是個地平如湖之小盆地；高雄市內門區的溝坪里，老地名稱猴坪，原來在清治時期墾民到此拓荒，因此地多猴子且擾民，原先的猴坪與「溝坪」的台語相近，因誤植地名遂成了溝坪。

生物奇觀

「龜」的命名地也有二三例。新北市萬里區有一個極特殊的里，叫龜吼，不知道龜如果真的吼叫，會是什麼聲音？而其原名叫「龜空」（Ku-Khang），意即龜洞。雲林縣斗南鎮的石龜社區，聚落村民多來自南靖，因為家鄉有一條溪流，裡頭有石頭和龜，所以當地人就稱此地為石龜溪。多年前曾造訪石龜社區，嘗聽當地耆老說，嘉義公園內的石龜其實是從這裡爬過去的，也是軼聞一則。台南市六甲區的龜港里，老地名叫龜仔港。

　　台南市永康區的龍潭里本來有一個頗有趣的老地名，叫蜈蜞潭庄，台語的蜈蜞就是水蛭，1975 年因嫌其不雅，遂改為龍潭。

　　另有其他地名是以鳥禽或其他生物命名，例如三峽白雞地區、嘉義縣水上鄉的下寮村老地名叫鴿溪寮，高雄市燕巢區尖山里老地名叫水蛙潭、澎湖縣白沙鄉的員貝村因地形像貝類，故名。

　　台灣地名以生物命名者，尚不及其他典由命名的地方。但，學者洪敏麟下了一個重要的註解：以天然動植物為名，就是對當時的原始景觀的描寫與紀錄。

從猴洞到貓村——猴硐

 位在台灣最東北角的瑞芳區，東北方面海，東南方與貢寮區銜接，西邊與基隆市連接，南則與雙溪和平溪二鄉相鄰。而基隆河貫穿瑞芳區，河長約二十公里。

猴硐位在武丹山、三貂嶺大山、三爪子尖山、獅子嘴奇岩、小粗坑山等山峰之間，基隆河穿行而過。屬於瑞芳區的猴硐里的猴硐，包括弓橋、猴硐、光復三里。

日治時期猴硐選炭場

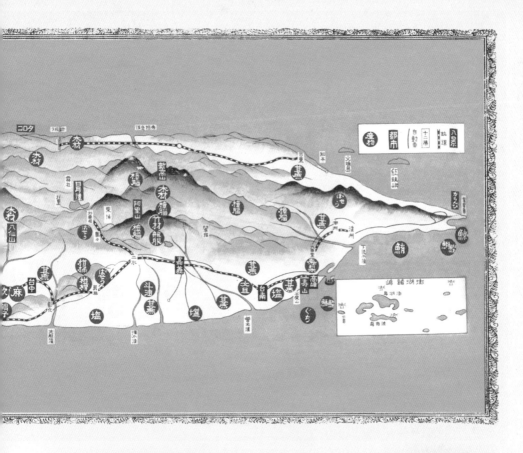

日治時期瑞芳四腳亭第九坑口

俯瞰猴硐波浪形狀屋簷的月台及風景

猴硐的貓橋外觀

貓村的指示牌

瑞芳

　　瑞芳開發甚早，十八至十九世紀間，已經是淡水、宜蘭之間重要的孔道。後於十九世紀末，金瓜石、九份的礦產崛起，瑞芳當年的盛況可想而知多麼地風光。

　　瑞芳的老地名頗有客棧意味，據傳於今日的柑坪里（老地名柑仔瀨），有一家商號叫瑞芳，是民眾「血拚」的唯一商店，時日一久，變成大家的店，後漸衍變成在地之地名。

　　瑞芳區除了大家耳熟能詳的金瓜石和九份外，還有後來因貓而爆紅的光復里貓村，但猴硐並不產貓，它最早產猴。

猴硐

　　猴硐地名的歷史沿革，來自於猴子的存在。傳云在劉厝有一個石洞，裡頭聚集著猴群，所以才有「猴洞」的由來。

後來政府認為猴洞用字不雅而採礦人更忌諱「洞」字，遂改成「侯硐」，在 2005 年終還原歷史中的猴硐本名。

　　猴硐發現黃金和煤礦產早於金瓜石和九份，同時也是瑞三礦業煤礦場的據點。從一個原來盛產砂金、煤礦等礦產的輝煌山村，後因礦業沒落凋零而曲終人散。這段礦村歷史宛如沉沒深海般悄然，直到許多影像產業來此取景，以及意外促成的貓村，竟將猴硐推向另一個意想不到的觀光產業。所謂的猴硐貓村，所指的是柴寮路上的聚落，這些聚落仍保留早年居民的艱困年代，為了因應多雨氣候帶來的潮溼，當地居民便在屋頂上釘一層木板再橫直交錯的舖上兩層油毛氈，然後在上面漆刷黑亮的柏油，以隔絕溼氣、方便排水，這些都是生活經驗與智慧的累積。而為了貓的安全，猴硐在 2012 年，甚至規劃建築一座屬於貓與人和平共處的友善「貓橋」。

　　在猴硐鐵道旁有一座偌大的廢墟，它是瑞三礦業公司，亦即瑞芳三坑的前身。如今，當年運送煤炭的橋已重新修復，也成為人與貓互動的橋。而現在重新規劃修葺的猴硐煤礦生

瑞三礦業公司遺址

活園區，即屬於昔日的瑞三礦業礦場與建築群，於 2010 年開園供遊客參觀。據聞猴硐的礦業在全盛時期，居住人口曾高達六千多人，但礦業沒落後，山城生活不易，人口逐漸外流，以至於現今猴硐來來去去的都是觀光客。

這個被 CNN（美國有線電視新聞網）評選全球六大賞貓景點之一的山城，貓種類繁多，造訪猴硐時才發現牠們其實是最道地的在地導覽員，因為牠們深諳哪裡可以藏身，或者登高竄逃。如果順沿山坡走進民居的巷衖，無論在屋角、草叢、牆隅等處，會發現牠們總是神出鬼沒。猴硐的昔日建築極具特色，多以石塊砌成石牆、石屋。猴硐的月台屋頂，也是極少見的波浪造型。猴硐因為貓，讓人得以再次認識台灣許多老地名，與礦業、聚落之間曾經脣齒相依的生活歷史。

猴硐民宅油毛氈刷柏油的防雨和潮的屋頂

猴硐主要民宅建在柴寮路上，有的為了觀光客而開店營業

貓村隨處可見溫馴的貓

植物百科

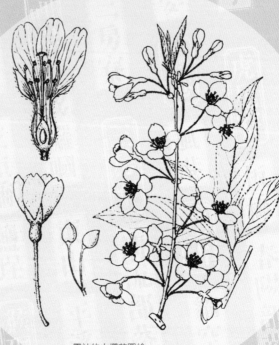

霧社的山櫻花圖繪

來自台灣植物的地名身世

　　台灣以植物名稱命名的地名不在少數，從高山到平地，幾乎隨處皆可見。也因為植物的豐富性致使台灣許多老地名，多了幾分土俗可親的或獨一無二的植物地名。

　　在植物篇裡，雖然選擇霧社、豐濱、朴子、東河里等四個地名作為書寫對象，但比較起其他城鄉以相關的植物名稱命名之地名者，並非它們更具代表或獨特性，著實係出於適宜定點踏查，且地名不論從何演變而來，皆內含明確的植物名字。也因此，翻閱台灣地名林林總總的史籍，可藉此探尋更多關於植物老地名中，無法逐一羅列出的所有關於台灣植物的地名。然而，即便有許多以植物名稱命名的地名來不及寫就或未被發掘，如果待未來再考現時，其在地事勢必更加豐富，且累積更可觀的人文與歷史厚度。

　　許多以植物名稱命就的地名，幾乎多與在地居民互有深厚、相濡以沫的共生背景。以成長的嘉義縣故鄉為例，童年的村落路旁，總是看見長有一叢叢老刺竹，尤其種植在村子裡靠近家屋附近，竹叢分布的密度頗高。故此，故鄉竹子腳地名從何而來便了然於胸了。如果這是地方的命名脈絡，那麼，在洪敏麟教授收集的可貴地名資料集中，就「竹」而言，台灣平地的竹林以桂竹、刺竹、蘇竹等為主，通常家屋或者村落栽植竹林，不但可以防止強風吹襲，更有防禦的作用，還有可以摘取筍子食用，或取竹竿當作建材。倘若從台灣自北而南蒐羅有關「竹」字之地名，眾如繁星。例如北投區竹子湖、蘆竹區大竹圍、龍潭區竹窩仔、大里區竹仔坑、竹山鎮竹圍子、竹崎鄉竹頭崎、義竹鄉義竹圍、白河區竹仔門、七股區竹仔港、路竹區竹滬、西嶼鄉竹蒿灣等等。

　　台灣是一個移民社會，當墾民們找到適宜耕種的墾地，通常會依其留下開墾區域的植物為地命名。台灣南北植物景觀本來就有差異性：南部林木稀疏且多草埔，北部氣候較為溼潤，因此多森林。細究與「林」相關的地名，在當年墾荒的年代，聚落尚未完成前，移民者伐林養成良田耕種，但未伐盡而殘留樹木於墾區的邊緣地帶。通常一片叢林的品種當然不會只有一種樹木，而是由多樣林木組合成林。故，當地居民理所當然就地取材取名，而且大多數通用「林」字命名。從我們熟知早年稱呼「樹林口」的新北市林口區，即因台地多相思樹，且林口也據擁交通出入口要塞，故稱；新北市樹林區因地處山丘與大漢溪之間，土地遍布低海拔林木與河岸雜草，故名；

植物百科

新竹縣芎林鄉，原來本地野長眾多九芎樹（俗稱剝皮樹），故名；彰化縣員林鎮，因初時入墾之民自四面八方伐林闢墾，後來為了紀念，遂留下圓形林地，以此作名。員林另有傳說，因為民居周遭生長著蓊鬱的林木，所以員林也稱為「林仔街」；雲林縣的水林鄉，由於其地位置居於北港溪下游之近海處，而該地長滿水漆林（即水燦林），故以此為名；嘉義縣的大林鎮，其地名成因亦是前人進入茂盛的叢林中拓墾，繼而稱之大莆林或大埔林。以「林」作為相關地名者不勝枚舉，再舉小港區大林蒲、屏東縣的林邊鄉等為例，皆以林為名。

其他以植物為名者，以「樹」而言，廣為人知者，即高雄縣大樹鄉；而茄苳木則生長於台灣的平地和山麓，由於普遍可見，許多地方多以其命名，例如汐止區、南投縣、新營市、高雄市等地，都可看見用「茄苳腳」作地名。而台灣樟樹的樟，茅草的茅，生長在濕地的蘆竹，可製作成掃帚的棕櫚樹，楓樹的楓，也稱苦楝樹的苦苓，鳥松與蔦松（也就是赤榕，俗語「台膏松」），還有生長在山野的埔姜，以及莿桐等地名也是常見的。

綜觀當代，我們從老地名回頭去尋找昔日以植物名稱命名的根源，似乎有跡可循且可模擬想像，當年先到者在蠻荒之地篳路藍縷，艱辛的為生命尋找活路，以及台灣島嶼各地尚未被開墾前、屬於蠻荒的自然植物景觀，是如何的豐饒。

雲霧中的苦楝與緋櫻──霧社

霧社 賽德克亞族德克達雅群〔由都達（Toda）、德路固（Truku）及德固達雅（Tgdaya）三語群所組成〕稱霧社為 paran。而 paran 則是由 baran 演變而來的語言，日本人稱為 sen-dang，民國以後稱為大同村。paran 位於埔里東北方，北鄰眉溪上游，南有濁水溪。

清流部落 清流部落位於南投縣仁愛鄉西陲、北港溪上游的台地上，部落東邊隔著北港溪與同屬互助村的中原部落對望，西鄰國姓鄉北港村，南與埔里鎮廣成里接壤，北與台中市和平區為界。

春陽部落 春陽部落的賽德克亞族都達群則稱此地為 Toda，它的位置在濁水溪上游。

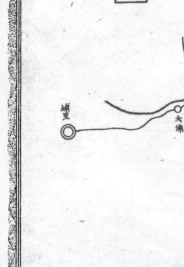

霧社事件發生後，日人標註能高越嶺道上霧社附近部落以及被襲擊的駐在所情形

1910 年代霧社原住民造林地

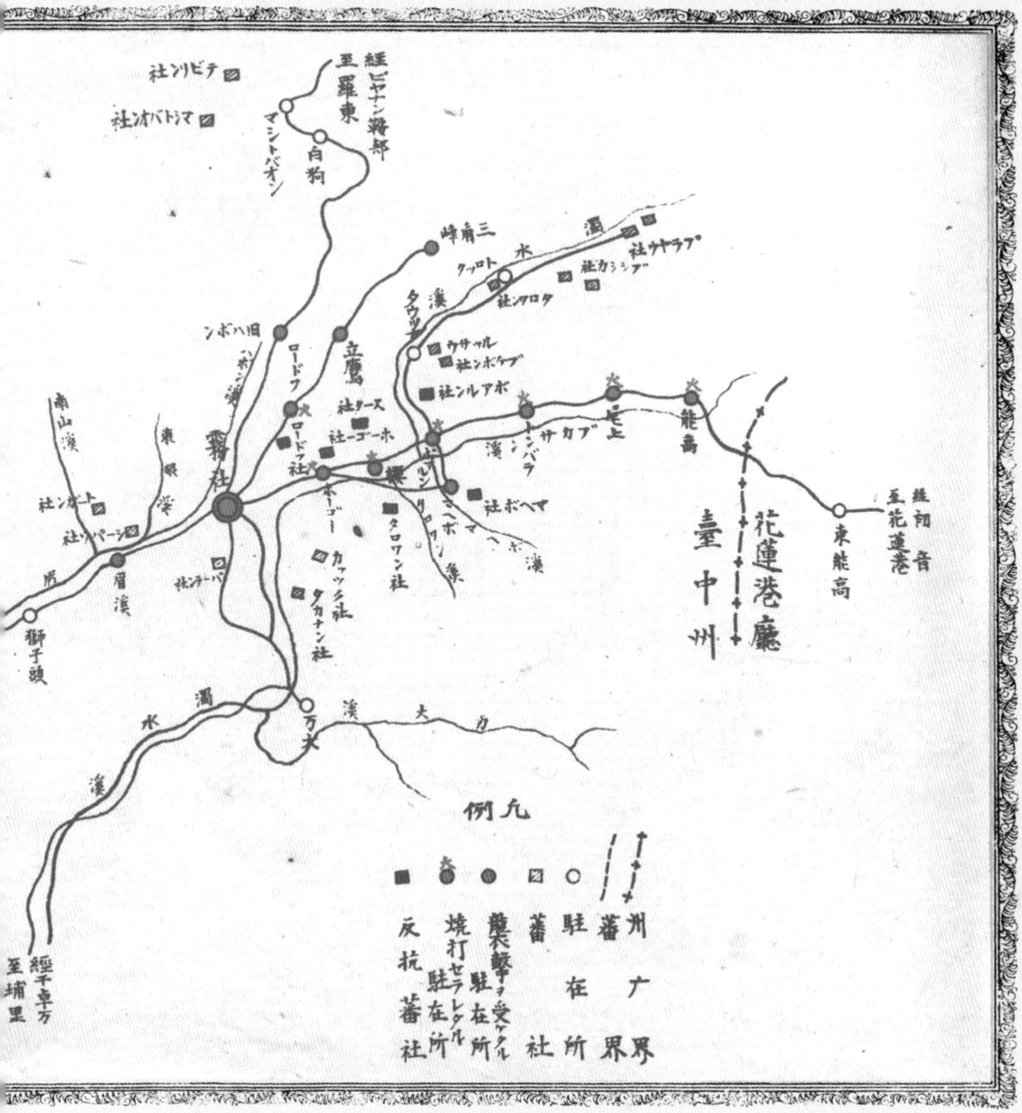
凡例
州广界
蕃界
駐在所
蕃社
襲撃ヲ受ケタル駐在所
焼打セラレタル駐在所
反抗蕃社
霧社
眉溪
獅子頭
万大
白狗
能高
尾上
東能高
三角峰
花蓮港廳
臺中州
經初音至花蓮港
經ピヤナン鞍部至羅東
經干卓万至埔里
濁水溪
タロワン社
カッツク社
タカナン社

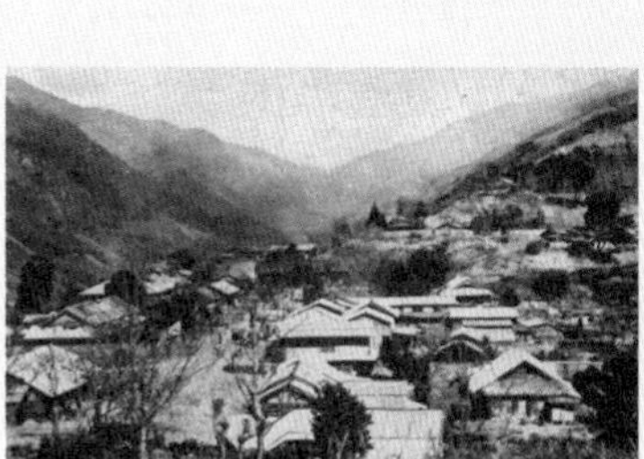
日治時期霧社全景

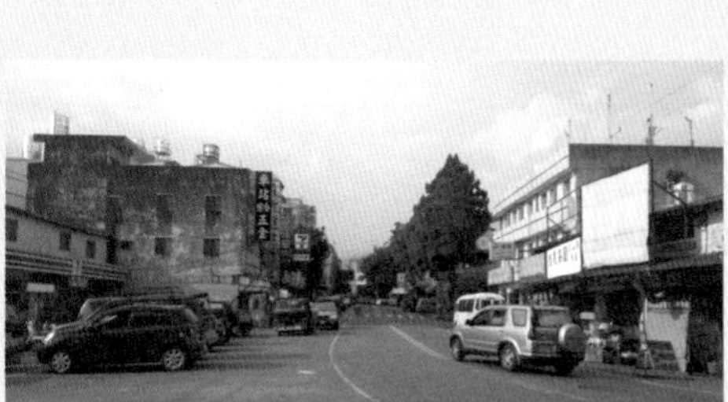
霧社街道

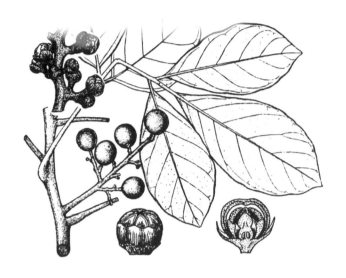

霧社

　　Ruby Walis（魯碧・瓦歷斯）服務於霧社圖書館，祖先世居春陽部落，她則在萬大出生長大並就讀於萬大小學，在埔里就讀國中。1980年，她年約十來歲，家族復遷回春陽部落。由於阿公和爸爸都服務於台電，因此，她的童年生活與部落其他孩子過得不一樣。由於是台電家屬，所以同學幾乎是漢人。童年很少下山到霧社來，因為台電人口不少，自成一個小社區，並設有福利站，足以供應生活所需，因此，她的童年是在較富裕的環境下成長。Ruby Walis本身是賽德克族，萬大部落居住的居民多屬泰雅族。她的娘家在春陽部落，爾後她出嫁到Toda（平靜部落），後來遷出，現在則是住在埔里，小孩也在埔里上學。她說小時候比較常回去春陽部落，因為媽媽也是春陽人。

　　Ruby Walis的阿公出生於1921年，阿公的哥哥（伯公）

二戰時期，被日本政府徵召去當軍伕，一去不返。

　　由於對於霧社地名的來由不甚清楚，Ruby Walis 後來介紹我去春陽部落，請教八十三歲的張媽媽。

春陽部落

　　如果自霧社出發往春陽部落，必會經過風景秀美的萬大水庫。過了萬大水庫，道路漸漸成 U 字型迴彎。沿著迴彎走，一路下坡，直到進入部落為止，地勢轉為平坦，而巴坎・娜威（漢名張胡愛妹）的家就在不遠處的路旁。巴坎・娜威，八十三歲，「巴坎」這個名字，在賽德克族語有「很會打獵、優秀、會織布的女孩」的意思。族人本來住在 Toda（平靜部落），八歲那年開始跟著媽媽學習編織。春陽，日語叫「櫻花村」（Sakula），原來居住在春陽的賽德克族人，因為發生霧社事件，被迫移徙到清流部落去，十二歲當年，平靜部落

日暮下的春陽部落

霧社萬大水庫

春陽部落巴坎‧娜威女士的織布機

春陽部落巴坎‧娜威與手工藝作品

有一半的族人被日本人迫遷來春陽。一開始，爸爸跟哥哥先過來，她十二歲的時候家人才全部徙居至春陽，這一年公車通車。

巴坎・娜威在家中排行第四，非常調皮。十五、六歲，常跟著爸爸帶狗去打獵。山上的人種植小米、玉米、豆子、芋頭等，因為山上沒有太多物質生活，十五歲第一次下山去霧社，去的是一間漢人開的商店消費購物。後來，下山更遠到埔里購物，買鹽巴和鹹魚，她記得媽媽會帶著織好的布匹去埔里以物易物，以及販售。

巴坎・娜威從八歲學習織布一直到八十三歲的現在不曾中斷過。五十九歲因為受邀去學校教編織、母語、歌舞，才學會講國語，還曾經到美國、菲律賓、大陸去做交流，甚至參與電影《賽德克・巴萊》的演出。

清流部落

Habo Wada（漢名羅美妹）

我在餘生紀念館對面亭子遇到羅美妹媽媽，她正在把晒乾的剝皮苧麻製成絲，纏繞成軸，她要製作背心。羅媽媽的媽媽是霧社人，後來嫁至中原部落。羅媽媽的賽德克名字叫Habo Wada（譯音），二十五歲嫁到清流部落。關於苧麻製成傳統服飾的傳統手藝，羅媽媽笑著說，現在的孩子喜歡熱鬧、唱歌和喝酒，不會想要學習的。羅媽媽曾聽她的母親告訴她說，以前的平地人不會做衣服，她們下山到國姓鄉的北港村去，當地人十個人共同出一頭牛，換取母親編織的十塊布料。

羅媽媽說清流部落的賽德克語叫Guruban，但她不知道這

個名字的意義。這裡居民以小米和稻穀為主要作物。還沒有公車的年代，她們走山路去埔里買鹽巴和鹹魚，還有日用品，一天來回。她十八、九歲時候，這裡才通車。

賽德克族人沒有豐年祭，她說只有元旦的過年。而賽德克族人的紋面，直到她的阿嬤那一代還保有傳統習俗，日治時期才廢除掉這個傳統。

Habo Wada（漢名羅美妹）

餘生紀念館旁之餘生紀念碑

霧社

Takun Walis

（1952-，漢名邱建堂，村幹事。Takun 是從祖先之名，有優秀之意）

「川中島」是日本語「kawanakarajima」，部落位在北港溪和支流眉原溪三面的圈圍之地。這塊區域賽德克人稱呼「Guruban」（或稱 Gluban），本意是族人到台中出草取得頭顱後，在此地清洗腦髓的地方，有休息站的意思。頭顱骨頭洗淨後，就將之帶回霧社去。這是村幹事邱建堂對此地名的詮釋。而如果再進一步追索，文史工作者郭明正對此有更充分的敘述。他詮釋說，清流部落是賽德克族傳統領域，也是祖先們出草獵首必經的路，「Gluban」在賽德克語原來的詞根是 qluban，是「掏出、掏取」的意思。傳統中的獵首行動，如果有獵獲首級，所謂的獵首團必得迅速返回部落；當獵首團在撤退安全之地後，盡速把首級的腦髓掏出，一是為了減輕重量，二是可以防腐。部落族老們曾說，由於 Gluban 是祖先們獵首的必要經過路徑之一，而且此地多溪流，祖先們十分重視這塊適宜掏洗腦髓的地方。在賽德克語裡，「掏腦髓」譯為「qluban luqi tunux」，qluban，掏、luqi tunux，腦

髓，簡稱「qluban」；如是地名，則是由 Qluban 這個字訛化為 Gluban，這是清流 Gluban 之名的由來。然而，另有族老們認為，Gluban 是由 qlangan（圍堵）或 pgluban（接駁）訛化而來的。

　　邱建堂表示，這裡原本屬於泰雅族人眉原部落傳統領域，漢人進來後，侵墾占領，所以，真正占領賽德克人土地是漢人不是日本人。四百年來漢人入侵，日本人則是因為滿清的割讓，是既得利益者，也順勢概括承受。清治時期此地曾經承租給漢人，從清流部落到眉原山區，從事樟樹砍伐、水稻種植。日本人來到這裡後，就趕走剩餘的做工漢人。日本早把清流地區準備好了，霧社事件平息後，從霧社走到眉溪搭小火車到埔里，再走路過來，一天的時間遷徙。清流部落名稱，是二次大戰以後，國民政府才改名的。當時族人來到這裡後，田地從頭開墾。當年從霧社來的族人有二百多人，現在落籍者有四百多人。豐年祭在賽德克族和布農族是不存在的，因為族人不是愛唱歌跳舞的民族，生活較嚴謹，所以比較多的活動屬於打獵和出草，直到日本人來了以後，禁止出草和紋面。邱建堂的曾祖父，本身就具有德高望重的頭目身分。

俯瞰清流部落

邱建堂說，霧社的族語叫 Paran，就是苦苓樹（學名苦楝樹），早年霧社種有很多。據郭明正的詮釋，當地的耆老表示因為苦苓樹具有平順（niqan elu）的木頭紋理，適合加工成各種建材，賽德克族人用它來製作織布機、床板，以及墊穀倉用的底板。最初到來的族人，還曾取材苦苓樹當建材，建築屋舍。

　　春陽族語 Gungu，因為地理形狀像豬的尾巴，部落又落在尾端，所以 Gungu 有尾巴的意思。霧社事件之前，日本人名為和歌社（Hogo），霧社事件之後，春陽又改稱櫻社之名，源起於霧社從前就有野生的櫻花，日本人來了之後又多種植，遂稱春陽為 Sakura。春陽當時有好幾個林班，Gungu 的位置就落在第一至第三班一帶。當時從平靜遷徙而至春陽有好幾個部落，每個部落都有各自的名字，直到國民政府來了之後，方改稱呼春陽。

　　如果鳥瞰清流部落，北港溪、阿比斯溪（Ruru Abis）、眉原溪（Yayung Mbgala），三條溪流的匯成宛如一個「川」字，銘刻在清流部落的土地上。

進入清流部落，一畦畦的水田倒映著天空與山影。再往前走，在部落的集會所裡，許多部落年輕男女穿著傳統服飾，正忙裡忙外，異常熱鬧。打聽之下，原來今天有訪客要來參訪清流部落，而導覽者是自外地返鄉的青年，聽說他為了傳統也紋面，並開始傳承部落的文化，肩負起解說部落歷史的重任。在與參訪者擦肩而過時，頂著烈日的遊客不斷發問問題，似乎迫不及待地，想要盡快進入自霧社被迫遷徙而來的餘生者們的悠長歷史甬道裡。

日出・飛魚・貓公草——豐濱

貓公部落

豐濱村舊名「貓公」，地處豐濱鄉之中心，亦為豐濱鄉行政中心，東濱太平洋，西傍海岸山脈與光復鄉為鄰，南有港口村，北鄰噶瑪蘭族的新社部落。這裡涵括豐濱、豐富、立德及八里灣四個部落。豐濱村部落的西邊聳立著阿美族的聖山——「Cilangasan」（奇拉雅山），地形略呈長方形，山地多平原少，河流湍急，山嶺地帶坡度陡峭，農田多屬梯田。豐濱村因受到山地地形限制，人口幾乎分布在沿海及河口地區，居民以阿美族為主，約占全村總人口數百分之七十。

豐濱村位在台 11 線縱貫路上，處於花蓮與台東界線，往西有光豐公路通往光復鄉，村內重要之道路為八里灣聯外道路（花 51 線）。

奇拉雅山

奇拉雅山（Cilangasan）是阿美族的聖山，也是阿美族繁衍後嗣的發祥地。根據日治時期著名學者移川子之藏等人的調查，阿美族五大亞群中大部分的祖源與發展史均與奇拉雅山有直接或間接關係。在這些發祥傳說中，屬於中部群奇美部落東方的奇拉雅山不僅是中部群的起源地，而且也經常被北部群（起源於花蓮 Tatifuracan 山的北部群荳蘭、七腳川社、pokpok 以及 Lidaw）及南部群（南部群則是馬蘭及恆春）提起。

1930 年代豐濱貓公溪裸露的岩石地質　　　貓公溪流域

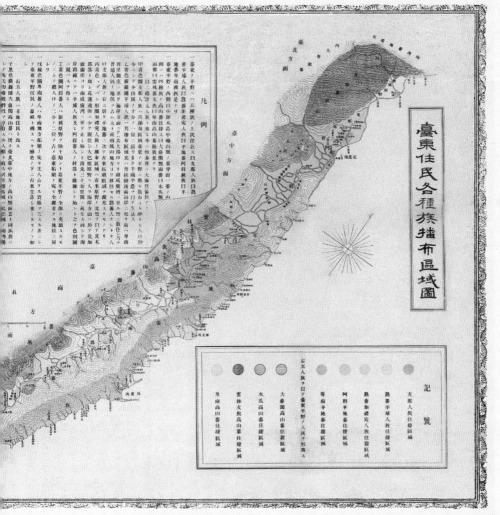

臺東住民各種族播布區域圖

日治初期台東住民各種族播布區域圖，圖中貓公社北有新社，南有姑裂社。

記號

貓公部落的集會所

阿美族傳統建築

貓公部落傳說

　　貓公部落規模不大，部落裡僅有二、三條主要道路，商業圈集中在台11線兩側。幾年前，開始有連鎖便利商店進駐。

　　走進貓公部落，會先看見一座大建築物和廣場，那是貓公的集會所。集會所對面還有一間傳統的雜貨店，應該是部落碩果僅存的雜貨店了（部落內部早幾年已經被台11線的便利超商侵入了）。

　　部落雜貨店裡剖著檳榔的八十二歲阿美族的高阿公，歷經日治時期、國民黨政權，因此會講母語以外的另外兩種語言。高是他的漢姓，原來的阿美族名字叫「加走」，他說部落裡很多男性都叫加走，甚至同一個家族都出現有同名的情況。坐在一旁的阿嬤姓林，從新社嫁到豐濱村。她說，從前小孩剛出生不能亂取名字，所

以就取材竹子來抽籤取名，女性的名字多取為巴奈或者路以等。

　　豐濱村的漢文地名為「貓公」，源自此地遍地生長的貓公草（即文殊蘭）。文本記載阿美族語叫「Fakong」，但是高阿公的讀音比較接近「ma kong（馬共）」。日治時期，他們稱貓公為「Toyo-yama」，此地名一直沿用至1937年才更名為豐濱。在《花蓮縣鄉土史料》中，耆老偕萬來則有另一說法，據傳在清治時期，貓公住著一位富人，漢名張文倉。他在住家附近發現一塊貌似公貓的金塊，於是此處即稱呼「貓公」。在這本文獻中，耆老高義弘另有詮釋，遠古曾流傳一則貓公傳說，此地因發生一次天崩地裂的震災，導致海水倒灌，有一對坐在舂米臼裡的小兄妹被沖至海上漂流，直到被海浪再帶回這裡。當大水的潮水退去後，他們遂從貓公的西邊山上登陸，自此定居在貓公且結為夫妻，繁衍後代。但耆老補充說明，在日治時期的資料中，記錄著阿美族人是來自於馬來西亞一帶。

原民生活

　　戰後貓公部落居民住的房子還是茅草屋，那時候住民不多，大概只有五、六戶；當年貓公部落的路尚未拓寬，足以行車的路非常狹窄，僅容一輛牛車的寬度可行走。

　　高阿公的族人原來住瑞穗鶴岡部落，遷徙至豐濱後，已經歷六代的家族傳承。為何會自瑞穗遷徙至此？林阿嬤補充說因為不易找到更肥沃的田地，才一路尋來到此落腳。目前，

豐濱在地居民以農漁業為主，農業以生產稻米為主要作物。

　　沒有公車的年代，要去一趟光復鄉仍需仰賴兩條腿。老一輩的人在花生收成後，便扛著作物走海岸山脈的光豐公路到光復鄉去販售。這裡早年的生活非常不易，幾乎自給自足，對外沒有交通。高阿公回憶起他三十多歲時，貓公還是封閉的，直到 1950 年代這裡才通車。以前生病的時候，這裡沒有醫生，都由兩個腳伕扛轎（架在兩根橫槓上面簡單的椅子）去光復鄉看病，生活十分艱困。

豐收的季節

　　豐濱的豐年祭在 8 月舉行，地點就位在雜貨店對面的集會所，以前集會所很簡單，現在的集會所是後來才增建的。豐年祭當天祭典程序，首先由年輕族人先到奇拉雅山謁靈祭

祖，再由部落頭目帶領族人於晚上祭祀祖靈，祭品供有野豬、小米酒、糯米做的糬、檳榔。豐年祭從 8 月 5 日開始到 11 日結束，五天的豐年祭，一開始的祭祀只有男性族人可以參與，女性則只能在周圍觀禮。現在與從前的豐年祭差別，則在於傳統服飾的改變。

當地的一位阿美族媽媽來雜貨店購物，她正要買冰塊準備出海捕捉飛魚。高阿公說大陸遊客來這裡旅遊最喜歡買飛魚，一條烤好的飛魚賣一百元。

阿美族媽媽離開沒多久之後，又騎著摩托車回來，她特地送來兩條烤好的飛魚。3 月至 6 月正是飛魚盛產期，出海捕魚時間約在下午五點以後，通常最晚在半夜十二點前返回。

飛魚，也是貓公阿美族人收入的經濟來源之一。

阿美族特產飛魚乾

豐年祭

豐濱鄉的港口部落（Makotaay）年祭，尚保存著傳統和某些古老的型態，在每年夏季七月中下旬農作收成後舉行。他們首先舉行向祖先神靈（malataw）感恩，以及驅邪除疫的儀式。祭典活動由男子按照年齡的大小分配任務。祭典在第一天晚上十時起開始，通宵直至次日早上十時止，這段時辰稱為迎靈祭。老人階級（mato' asay）坐在內圈的位置上，可唱歌飲酒，並自由進出，外圍是青年階級和壯年階級的歌舞範圍，除非有特別的事情，終日不得離隊或早退。第二、三、四天為宴靈祭，每天下午五時起至深夜十時止，歌舞的形式與迎靈祭相同。最後一天則為女子組的歌舞，歌舞形式與男子組相同，僅有一首女子組專屬的歌舞，稱為「mipihay」。

樸仔樹下的庇佑——朴子

位於嘉南平原的朴子市，地居嘉義縣西邊，其東邊與太保市、鹿草鄉銜接，西邊則與東石鄉和布袋鎮毗鄰，南與義竹鄉交界，北邊的朴子溪（舊名牛稠溪）則貫穿其與六腳鄉。

【朴子市大事記】

1. 1920 年地方制改，三個字的老地名多重新改正，「樸仔腳」改名「朴子」。

2. 1901 年 11 月 23 日，發生抗日的「樸仔腳事件」，震撼島嶼，起義地點位在樸仔腳的安溪厝。這起事件造成日人與本地人民共計 21 死。

明治製糖株式會社的糖業鐵道朴子線，從嘉義起站經蒜頭、朴子到港墘。圖為朴子線嘉義站

配天宮前的樸樹，據傳即樸仔腳地名起源

通過朴子溪的灌溉水道橋，為嘉南大圳一環

圖略街子朴

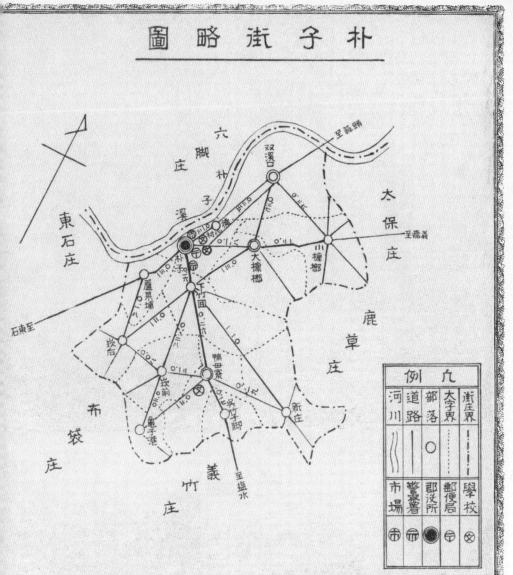

六
脚
庄

双溪

至蒜頭

太
保
庄

至嘉義

東
石
庄

石東至

鹿
草
庄

布
袋
庄

義
竹
庄

至鹽水

圖解台灣老地名

例 九

河川	道路	部落	大字界	衝庄界
〰	│	○	┅	┄
市場	警察署	郡役所	郵便局	學校
🏪		●		⊗

朴子溪舊名牛稠溪

明治製糖株式會社蒜頭製糖工場

猴樹港 · 樸仔腳

對老朴子歷史鑽研頗深入的陳俊哲醫師，他位在開元社區的老家已有七十餘年歷史，與八十餘年歷史的日新醫院比鄰。聊起古地名樸仔腳的朴子，陳醫師如數家珍地侃侃而談，樸仔腳的一草一木，一磚一瓦，他是瞭若指掌的。

朴子最早地名稱為「猴樹港」，這個地名在荷蘭人據台時所撰寫的《熱蘭遮城日誌》裡就有記載。據說在朴子溪畔的樹上，常有大群猴子攀爬、穿梭其間，故以此呼之。猴樹港至早的貨物集散地位在網仔寮，網仔寮傍近朴子溪旁，設有糖寮，是為蔗糖出口地。

為什麼猴樹港後來演化成「樸仔腳」地名，與樸仔樹的關係果真有密不可分的關係？朴子詩人楊桂山曾作〈樸樹〉一詩：「大樸森森蔭樸津，開基一樹已歸神；覃恩偉績同天后，常抱婆心護世人。」而詩中所言樸樹則藏有玄機。原來，有位住在半月莊的林馬，年邁的他跋涉千里，至鹿港天后宮迎

林馬故鄉半月莊

配天宮供奉的神明

請媽祖分靈至居住的半月莊供祀，行經牛稠溪（今朴子溪）於南畔樸仔樹下休息，當地民眾聞訊聚集參拜，林馬欲回身動行，不料金身卻重如泰山無法移動，乃請示媽祖聖懿，遂於樹下結茅奉祀，謂之「樸樹宮」，就是現今的配天宮。

寺廟中的媽祖神像，就是用樸樹的樹身雕刻而成的鎮殿媽祖金身，而非砍伐截木雕琢，只是原本的木刻神像已被泥塑包裹住了。至今樸樹樹根還埋植在地底下，後來被鋪設泥台封住了，但信徒深信媽祖的神性會延伸至土裡。目前配天宮廟中的一棵四季蘭，是1920年自大陸進香帶回種植在後殿，一般咸認這株四季蘭的根深入泥土，與樸樹的媽祖氣息相通。傳說曾有人在神龕後方的牆壁鑿孔，欲盜取樹根回家煎藥，後來被人發現孔洞，廟方只好將牆壁鞏固密實。

有一樁關於媽祖的服飾軼事，可能從未引起注意。日治時期曾經整修一回媽祖金身，祂的服飾在日治時期結束後被發現繡有櫻花圖案，可惜後來整修時又把櫻花花飾修除了。

目前配天宮廟埕左右還植有兩棵樸樹，是特別到朴子溪移植至此的。樸樹在中國《尚書》裡早有載名，樸仔腳的地名

在台灣地圖上就羅列有四個，單就嘉義縣六腳鄉和鹿草鄉，就有與樸仔腳相同的村莊地名。而猴樹港之所以更名為樸仔腳，完全是因為樸樹與媽

榮昌座

1933 年（昭和 8）台人涂榮在嘉義縣東石郡朴子街自建自營「榮昌座」。榮昌座係三層西洋式樓房，鋼筋水泥，窗形建築，以檜木材料隔間，淡綠色的建築外觀，高挑堅實，與附近同時期的日式歐化洋房很類似。觀眾席屬階梯式座椅，二樓座位是馬蹄形環狀，座椅都是長板靠座，舞台高，空間向上高挑，兩旁都有出口通道，中庭之兩邊有迴廊及廁所，放映室在三樓，同樓層也有住家，此劇場設備雖不算高級，但非常特殊，其材料（窗、門）都是堅實的檜木，進門後，可由寬闊的玄關分別上樓或進場就座。

熄燈已久的榮昌戲院

祖的緣故。

　　陳醫師老家對面就是榮昌戲院，亦即日治時期的榮昌座。榮昌戲院、日新醫院皆建於 1930 年代，由此可見朴子當年的繁榮盛世。在 1960 年代，約莫六歲的陳醫師還曾親眼目睹住家對面戲院散場時，熙熙攘攘、滿坑滿谷的戲迷景象。

灰窯 · 刺繡

　　樸仔腳的繁榮並非全然因為媽祖祭祀的生成，其來源是經濟利益的商業活動，它的富庶完全源自港口所帶來的商業貿易，甚至影響週邊城鄉倚賴港口的交通。朴子早年最大的經濟作物與經濟命脈，應該就是種植甘蔗，繼而衍生糖寮仔（今博厚里）的存在。最大宗進出口的產業應該是糖和石灰，石灰是由魍港（現今布袋鎮好美里）轉運出去。布袋以前屬倒風內海範圍，它的腹地就位在朴子，魍港出口的石灰是朴子這裡的蚵殼燒製而成，據傳，朴子至今還有燒製石灰的頂灰窯和下灰窯的遺址存在（清治時期當地居民以蚵殼經窯燒製成石灰，同業自成一聚落，因當地有南北兩邊，遂一處稱頂灰窯，為區別另一處則稱下灰窯）。

　　布料加工的刺繡，是朴子早年最大規模的產業之一。繡莊的崛起除了一部分是神明衣飾的加工外，家庭的被子、枕布、門簾等也占了部分，另有一般人的服飾製作。從前家家戶戶的婦女皆在家中從事刺繡工作，稱之「女紅」，據說收入經濟頗豐。

　　朴子的第一條老街建築位於媽祖廟旁南北向的北通路，

北通路是朴子的老街之一

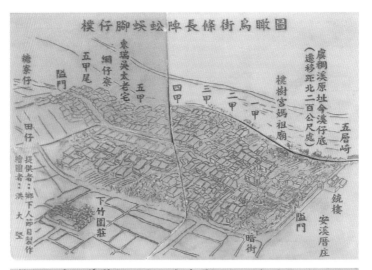

老街造設蜈蚣陣街屋圖示

樸仔腳蜈蚣陣長條街鳥瞰圖

糖寮仔
田仔

下竹園莊

泉瑞吳太老宅
五甲尾
網仔寮
臨門

五甲

五甲崎

暗街

鏡樓
安溪厝庄
臨門

四甲
三甲
二甲
一甲

樸樹宮媽祖廟

虞稠溪原址今溪仔底（遷移距北二百公尺处）

提供者：蟳下人節目製作
繪圖者：洪大堅

朴子市

樸仔腳街又作朴仔腳街，今嘉義縣朴子市舊名。余文儀《續修台灣府志》稱：「樸仔腳街舊為猴樹港街，今更名」；1742年劉良璧《重修福建台灣府志》即有「樸仔樹腳」一地。伊能嘉矩謂1681年泉州安溪人林馬，在此地拓墾。當時猴樹溪港水深，可容船舶出入，1726年泉州同安人陳□□在此定居經商漸成市街，設店之初在一大樸樹下，改稱樸仔腳。清時隸大槺榔西堡，日治1920年改為東石郡朴子街，戰後改朴子鎮，1995年改鎮為市是為朴子市。

現在北通路旁有一個大斜坡，古地名叫「五層崎」，它斜斜的通抵朴子溪，是從前通行往碼頭的小路。如果自港口上岸，會經過現今的北通路一小段路，以前叫「杉街」，這條街名也是日本人富田芳郎的田調歷史記錄之一。黎明路舊名稱「街後路」，它與對面的向榮路二條路之間是朴子溪的舊河道，也就是陳醫師住家的現址，昔稱「溪仔底」。

刺繡文化館

刺繡文化館昔日為鹽館，清治時期鹽業歸官。終戰後，此棟日式建築改設為船舶大隊。由於朴子市早期曾是刺繡大鎮，朴子市公所有心經營刺繡文化產業，於 2003 年獲行政院補助地方文化館計畫，修建朴子刺繡文化館。其建築為日式木造房舍，頗具古意，非常適合作為刺繡文化的推廣中心。

刺繡文化館見證當年樸仔腳的繡莊繁華

蜈蚣陣 · 老街屋

　　現在的開元路就是昔日「蜈蚣陣」街屋遺址,當時街屋的建築是不見天的。它的歷史可溯及清治康熙年間,當時路的前後兩端建有隘門,全長約九百公尺。而其沒落的因素可歸納出:因人口南遷,也造就商圈隨人口南移;街屋曾經歷過祝融;老菜市場的沒落與改建等因素。為什麼稱為蜈蚣陣?因其建築是一節一節的增建,一節的居住空間飽和了,遂又沿著河道往下一節移動蓋販厝,慢慢形成商業中心一條龍。「一節」在清治時期的單位稱一甲,長約五十公尺,每一節長度不一。雖然不同時間建築但格局皆相同,總共建了五甲,而在五甲地附近蓋有糖寮。

　　蜈蚣陣完全消失,大約是在日本改正年間,當時為了拓寬道路而拆除。目前唯一的遺址在媽祖廟旁還有一小段,從前叫「暗街仔」,它的由來是因街心之上仍有屋頂,是傳統不見天設置,故稱。

朴　子

開元路是蜈蚣陣街屋的主要街衢

朴子的嘉義客運現址，一百多年前曾是牛車的轉運站。一天約有五、六十輛牛車，自四面八方來朴子進行交通運輸。牛車集合後，便出發去內山運載竹子，再送到海口去製作蚵架。想不到一百多年的牛車轉運站，在一百多年後竟還是轉運站，只不過已是牛車替換成汽車的時代了。

蜈蚣陣

台灣開拓初期，因番害、械鬥等因素而影響市街的配置，於是建起立防禦性的建築，由於百姓多採「長條街屋」居住形式，又俗稱「蜈蚣陣」。

北通路是昔日五層崎遺址

斑芝花開番社庄——吉貝耍（Kabua-Swa）

東山區

進入東山市區，自然而然聯想起東山鴨頭、東山咖啡。然而，在這些名產聲名尚未鵲起時，荷蘭統治時期東山區戶口表，記載的東山地名為「Dorcko」，清治時期屬諸羅縣哆囉國西堡的生活場域。

1669 年的明鄭時期，東山開始有漢人進入拓墾，以及與平埔族人交易、通婚。1764 年（乾隆 29）出版之《續修台灣府志》有「哆囉嘓街」名稱現蹤。

日治時期的吉貝耍，隸屬於台南府鹽水港廳哆囉嘓西堡地，爾後方改成台南州新營郡番社庄（今東山區）。在戶政資料上，也可證明吉貝耍當屬於洪雅族哆囉嘓社之地。民國以後，政府嫌棄番社庄吉貝耍地名不雅，遂改名成為當今的東山區東河里。

吉貝耍

吉貝耍位於東山區枕頭山西側，西南方以龜重溪與柳營區的小腳腿部落為界，嘉南大圳環繞部落外圍而過。

鹽水港製糖株式會社新營製糖工場

吉貝耍部落地標

1930 年代的關子嶺溫泉

新營郡管內圖

縮尺十万分之一

東　石　郡

東　山　庄

嘉　義　郡

白　河　庄

新　營　庄

柳　營　庄

番　社　庄

石　郡

六　甲　庄

下　營　庄

番　社　庄

下　營　庄

大　內　庄

新　化　郡

曾　文　郡

凡　例

鐵道	輕鐵軌道	縣道	橋梁
道路	郡境界	河池沼	市仔
用途	街庄界	溪川溝渠	郵便局
郡界	公學校	出張所	小學校
派出所	農會社	製糖場工場	役場
			部落

東山區街景

從東山區橫跨嘉南大圳支流後通往吉貝耍

番社庄吉貝耍（Kabua-Sua）

　　從東山市區往東河里走，經過東河橋，自橋上四眺，山群環繞著大片平原。過橋後，一再確認東河里的入口指標，標的牌上不寫里名而是「吉貝耍部落」。進入部落後，明明眼下是一個漢人的部落型態，但在部落的街衢細節裡卻又透露出迥異於漢人部落型態訊息。在許多傾圮的老屋牆，張貼著「原鄉記憶──吉貝耍部落老照片徵集」，以及馬路邊豎立許多介紹吉貝耍歷史文化的立牌裝置。這是一段屬於西拉雅平埔族的原鄉歷史文化復興與尋根之旅程。

　　在北公廨的樹下休憩居民們，他們用流利的台語說出的「斑芝花」，既是吉貝耍之老地

吉貝耍部落的歷史文化備忘裝置

名，也是我們熟知的「木棉花」；另有一說是吉貝耍有「好地方」的意義。對此地名之起源，居民們多認為是「斑芝花」，耆老潘龍山說他們在小時候還曾採收木棉花絮製作棉被。

角頭公廨

　　吉貝耍共有五座角頭公廨，公廨（kuwa）最早出現在陳第撰寫的〈東番記〉中。公廨對平埔族人具有兩種功能：一是未婚的少壯男子聚集會所，另一功用則是討論與調度人手之處，類似閩南人的集會場所。在公廨裡，部落代表神靈是阿立母，也就是耆老口中俗稱的「矸仔祖」，瓶中插的是澤蘭花卉（Ihing），此花一般供插於公廨的壺或矸上，也是吉貝耍人可以保平安的護身符，同時也是尪姨或祭司進行儀式的「法器」。

　　潘龍山舉例自己當兵時的經驗說：「在軍中中暑時，如回到部落，念一段咒語，再以瓶內的水揮灑在身上即有袪中暑之療效。」他也吟哦一段鮮少對族人以外的人公開，以母

吉貝耍北公廨外潘龍山先生與族人

圖解台灣老地名

吉貝耍北公廨祭祀場域內的「矸仔祖」

吉貝耍中公廨祭祀場所。進入
公廨必須先脫鞋

阿立祖

據歷史學者石萬壽研究指出，「阿立祖」
源自西拉雅語「阿立」，是祖先之意，再
加上漢語的「祖」字，故讓「阿立祖」變
成了西拉雅族祖靈信仰的神祇，其地位與
漢人信仰中的閻羅王相當，可與地藏王菩
薩相比擬。另也有學者研究，吉貝耍的信
仰神靈名稱有別於其他西拉雅族，這當中
可能包含麻豆社、大武壠社族人的遷入，
而造成吉貝耍獨特信仰系統與複雜性。

語、類似歌謠的咒語「灑矸仔水」，吟畢，他解釋道：「唱完後在對方身上沾水灑一灑，然後用嘴巴噴矸仔水給對方吃下，沾水在身上各處拍一拍，儀式即告完成。」

公廨內祭祀的獵物，目前是豬頭骨。在從前，假如捕獵到什麼動物就使用其頭骨祭祀。每年農曆的 9 月 4 日晚上是吉貝耍的夜祭活動，舉行地點在大公廨。隔日 9 月 5 日便開始忙碌於辦桌、宴客，這兩天也就是吉貝耍人的過年。

這裡也曾發生過部落的戰爭，而吉貝耍人防禦的方式就是栽種刺竹。

另一位受訪的段先生表示，段姓在吉貝耍屬大姓。吉貝耍部落居民也有宋江陣的練團，每次出去競賽大家最懼怕他們，因為他們很兇悍。

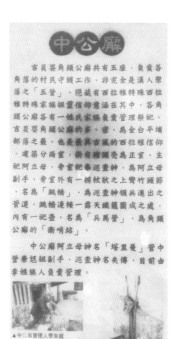

吉貝耍中公廨立牌

吉貝耍角頭公廨共有五座，負責各角落的村民守護工作，非完全是漢人聚落之「五營」。隱藏有西拉雅特殊西拉雅特殊家族祖靈信仰意涵在其中，各角頭公廨各有一姓氏家族負責管理祭祀。吉貝耍角頭公廨的多，寡，為全台平埔部落之最，也是最具吉貝的西拉雅信仰，建築分兩室，欌有廳頭亮為正室，主祀阿立母，旁當祀事迴查神，為阿立母副手，旁室外有一拐杖狀之上彎竹頭節，名為「跳橋」，為迴查神領兵進出之管道。跳橋接接一露天鐵籠圍成之處，內有一祀查，名為「兵馬營」，為角頭公廨的「衛哨站」。

中公廨阿立母神名「塔里曼」管中營養廷祖副手，巡查神名失傳，目前由李姓族人負責管理。

▲中公廨管理人李朱鏡

吉貝耍屬東山區的一里，東山區原為洪雅族哆囉嘓社的社域，到了乾隆中葉施行番屯政策，平埔族西拉雅系蕭壠社的段姓、程姓、潘姓等社民（於今日台南市佳里區）溯急水溪而上，沿支流龜重溪在今吉貝耍（東山區東河里）登陸，尾隨而至的還有大武壠社民、麻豆社民等，占領了原來的哆囉嘓社社域，吉貝耍自此成為蕭壠社最大支社之一。

深耕社區文化

在北公廨旁的溪流邊，有一座偌大的棚子建築，這裡是吉貝耍婦人洗衣的地方，她們依然守護著傳統的生活方式，聚集在一起洗衣，交換生活中的大小事。

目前吉貝耍的許多文化活動，多為吉貝耍文史工作室召集

吉貝耍嘉南大圳支流與洗衣棚

人段洪坤的努力，他也是居民口中致力於社區文化發起的維護者。走在吉貝耍部落裡，每個角落都有鉅細靡遺且細心打造屬於吉貝耍人的文化備忘圖騰與文字。圍繞部落的，則是他們互古勞動與農耕的阡陌水稻。

有一回，在隆田搭計程車時，司機是官田人，其牽手是附近番仔庄的平埔族人，屬蕭壠社。他說：「妻子姓朱，族人是從吉貝耍遷徙出來的，以前如果叫她們『番仔』都會被打。」而現在，我們應正視且認識島嶼的每一個族群存在之必要，因為這是台灣極為寶貴而重要的文化資產。

吉貝耍部落的稻田

安順鹽田圖

大正十四年三月末現在
梯尺一萬二千分之一

產業百科

寶島產業百科的地名身世

　　台灣雖然僅是一座蕞爾之島，然而其豐盛的產業與礦產，讓過往許多異族趨之若鶩地覬覦這座金銀島。自 1624 年荷蘭人據台，後 1661 年鄭成功拿下熱蘭遮城，至 1683 年清朝納台灣入版圖，1895 年日本治台，直到 1949 年國民政府接管台灣，歷經短促的三百年間，台灣究竟被發掘了多少產業？又有多少地名與產業息息相關？

　　從荷蘭人統治台灣序幕揭啟，就展開了鹿皮的貿易，根據紀錄，1638 年荷蘭人約輸出十五萬張鹿皮至日本，直到後來鹿群迅速銳減。而當時與「鹿」有關的地名，以鹿港為人所熟知，據傳早年鹿港也叫鹿仔港，此地鹿麋聚集，當時住民獵鹿取鹿角、鹿茸、鹿脯輸出而得此名。台東縣鹿野鄉也有一說，這裡原來是荒埔地，常有群鹿於此棲息，也是原住民的社域，文獻上遂名「鹿寮社」，日人治台後又改增鹿野。西螺鎮鹿場里也有關於鹿的傳說，這裡原為平埔族的獵場，他們在此捕獵羌鹿，故名。還有台中市沙鹿區上、下鹿寮地名由來亦與捕鹿設鹿寮有所關連。

台灣最早發展出具規模的產業，就是製糖產業了。自荷蘭人統治台灣，就開始大規模的種植甘蔗製糖，再外銷至日本。到了明鄭、清治時期，台灣民間製糖稱為「廍」的作坊已經開始課稅，且大都集中在南部及台南一帶，最高峰的糖廍數量多達二百所以上。日治時期，日本人喊出「工業日本，農業台灣」口號，製糖產業幾乎是台灣生產砂糖的高峰，日本人甚至在台灣成立「台灣製糖株式會社」等新式製糖廠，也是台灣許多城鄉還留有糖廠遺址的緣由。目前全台灣僅存虎尾、南靖、善化三間糖廠仍繼續運作生產。

　　而嘉南平原幾乎是產糖的大宗原料產地，早年還能見到五分車一節節地滿載以人工砍伐的甘蔗，行駛在村子外的鐵道上。以台灣目前仍保留糖廍的有關地名，多如牛毛，於此試舉數例：宜蘭五結鄉大吉村的廍宅、新北市鶯歌區二甲里的蔗廍、新竹縣關西鎮錦山里的糖寮、苗栗縣通霄鎮城南里的蔗廍、台中市大肚區的蔗廍、台中市外埔區廍子里的下廍子、彰化縣田中鎮香山里的廍口、南投縣國姓鄉長流村的老糖廍、雲林縣虎尾鎮三合里的舊廍、嘉義縣六腳鄉蒜頭村的廍內、台南市仁德三甲里的糖間、高雄市田寮區新興里的廍洋、屏東縣里港鄉三廍村的三張廍等皆與產糖有關。

　　台灣晒鹽製鹽的時間，至早可遠推自荷蘭據台時代，當

時就有海水晒鹽、開闢鹽田。有關鹽產業的地名，當然首推北門區永華里老地名井仔腳的最古老「瓦盤鹽田」，還有高雄市的鹽埕區、永康區的塩行里、花蓮縣的鹽寮、竹南鎮鹽館前等地名。

　　根據官方昔日的資料載示，1860年後台灣茶葉、樟腦與蔗糖成為主要出口大宗，當年茶葉主要產區於彰化以北，對外打開商港前，唯有坪林、深坑一帶產茶，開港之後引進茶樹且栽植成功，於是茶園拓展至北中部的丘陵台地。而與茶有關的地名，有「茶園坪」、「茶仔興坑」等地名。相較於糖、茶葉，樟腦也是當時重要的出口貿易產品，因為緯度的關係，亞洲僅有日本與台灣種植樟樹。當年產製樟樹製品的聚落，相關命名者有「樟樹灣」、「樟原」、「腦窟寮」、「樟腦寮坪」及「樟圓仔」等。

　　在恆春半島，早年還有伐木製炭的行業。關於「炭」的相關地名，有名間鄉炭寮村。相傳昔日此地長滿相思樹，移民拓荒時，砍樹燒製木炭為業。

　　除了上述的礦業與產業，在金瓜石一地也概略敘述金、煤礦業的發展過程。每個產業被發現的地點儘管或大或小，但胼手胝足的前人，仍能抵住風霜往前行，並且留下這些充滿歷史故事的可貴老地名。

產金的石頭如金瓜──金瓜石

位於台灣東北角的金瓜石，其北面海，地形係有山海錯疊且曲折多詭之海岸線。金瓜石三面環山，東邊是茶壺山、半屏山，西隔基隆山，南以本山毗鄰，北方則傍接水湳洞，臨東海，並與基隆嶼遙遙相望，呈現特殊的口袋地形。因為多山，只要東北季風一起，金瓜石的雨季長且多雨。

金瓜石礦山本山六坑口運煤

日治大正年間金瓜石郵便局及警察官吏派出所

金瓜石十三層選礦場

金瓜石本山

茶壺山

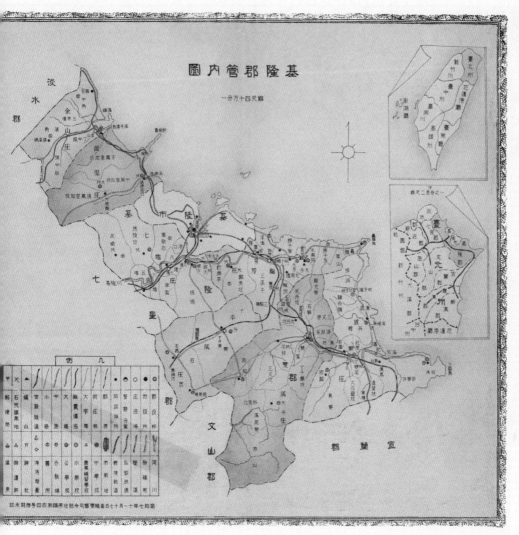

基隆郡管內圖

縮尺四十万分一

金瓜石礦山全景

今日的金瓜石彷彿又返回淘金的鎏金年代，不論平日或假日，所謂的水金九（水湳洞、金瓜石、九份）即成熱線。產金的年月裡，趨之若鶩者應是礦工與淘金客，今日則是滿坑滿谷的觀光客。

最早九份還是煉仔寮老地名時，金瓜石彼時仍是依偎在九份身邊的一顆大金瓜。倒是金瓜石的採金有非常早的紀錄，清治時期諸羅知縣季麒光在 1684 年的《台灣雜記》裡寫道：「金山在雞籠山三朝溪後山，土產金，有大如拳者，有長如尺者。」但未受重視。根據學者余炳盛的研究，從 1890 年劉銘傳建築台北到基隆的鐵路後，有廣東籍的工人於八堵基隆河發現砂金，這一發現揭起了淘洗砂金熱潮。1893 年熱潮延燒到九份之南的小金瓜，1895 年發現了大金瓜本體。1897 年金瓜石金礦正式開採，1925 年金瓜石礦山株式會社成立，1933 年金瓜石礦山被日本礦業株式會社購入。戰後方由台灣金銅礦物局接收直到結束營運。日治時期的金瓜石，處處皆有日本國的

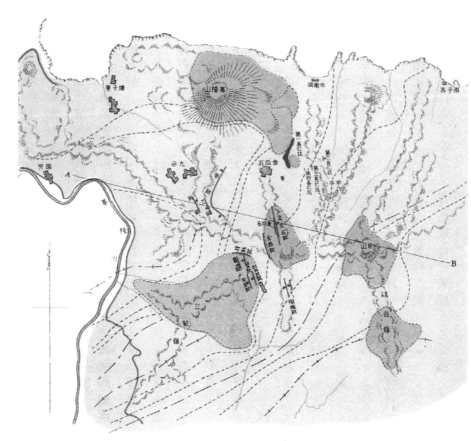

建築與文化影子，如金瓜石礦山事務所所長宿舍，是日礦駐地所長三毛菊次郎宅；還有皇太子不曾來入住過的太子賓館；以及落成於 1936 年，別名山神社的黃金神社遺址等。

　　然而金瓜石地名到底從何而來，是否真與其產業息息相關？金瓜石地名之說，乃因金礦開採人潮湧入形成聚落，以及金瓜石地區的山形如金瓜，

金瓜石神社遺址

金瓜石礦山事務所所長宿舍

金瓜石

焿仔寮海岸運煤光景

當時的總督府遂命名為金瓜石。而有耆老張文榮詮釋金瓜石地名，說其地形如金瓜一樣，一瓣一瓣，且又生產金子，故名。張文榮並說，以前稱呼居住在金瓜石上面的為「石頂」，居住在下面者則叫「石腳」。學者洪敏麟研究金瓜石之地名，係因金瓜石的形狀像南瓜，閩南語稱為金瓜，所以得名。

從日治中期到戰後初期，九份和金瓜石因盛產金礦而湧入不少人口。直到二次大戰後，金瓜石與九份的金礦產業逐漸式微、沒落，金、九人口亦因此大量外流。1989 年侯孝賢等幾位導演的電影，皆於九份、金瓜石山城取景，原本沉寂多年的山城再次活躍了起來。2004 年金瓜石黃金博物園區創設，於此同時，水、金、九開發成為環狀旅遊新路線。由於水湳洞與金瓜石、九份的特殊地形與景觀，新北市於是串接三個奇美的小城鎮，形成一條台灣礦業與人文歷史的水金九（相似於台語讀音「美很久」）旅遊路線。水金九公路上的九份與金瓜石，早為旅人所熟知，而水湳洞的景觀也不遑多讓，除了最為人津津樂道的十三層選礦場外，還包括陰陽海、黃金瀑布等，都是獨樹一格或自然或人為的地景，值得深入探遊一番。

走出黃金博物館之後，彎入一條往山下蜿蜒的階梯走，便來到銅山里，這裡亦為金瓜石較古老的聚落，其得名祈堂老街，是因為位居在勸濟堂也就是金瓜石民眾俗稱的「祈堂廟」山腳下，所以老地名叫祈堂腳。走入祈堂腳聚落前，發現一塊大空地上立著一塊石碑，趨近端視，這裡竟然曾經是金瓜石醫院舊址，一個能撐起開立一所醫院的山城，可想而知當時

日治時期金瓜石瑞芳礦山搗礦場內

老祈堂街聚落

歷史悠久的時雨中學

金瓜石

的人口是多麼可觀。現今的祈堂路一帶，還保有許多老建築，尤其是一間設於戰後的老租書店兼柑仔店，已逾九十高齡的老闆娘，依然精神抖擻、生龍活虎地經營著。還有剩下不多的傳統屋宇，運用油毛氈鋪柏油的防雨黑屋頂。祈堂腳因礦業發達而繁榮，日治時期，礦工們常聚會於這一帶飲酒笙歌，遂有「金瓜石銀座」美名。自祈堂腳登高後，便是祈堂廟，創建於1899年，門口還留有兩盞日本的石宮燈。自祈堂廟埕遠觀，現代化建築的時雨中學校舍巍峨地矗立在對面山上，學校最早成立於1908年，原是以收日本學生的「基隆尋常高等小學校金瓜石分教場」，戰後，1949年由礦物局設立時雨初中，1985年轉型為設置有宿舍的私立中學。

沿祈堂廟前的山徑往下走，是一處令人黯然的園區，那是二戰時期的戰俘營營址。1942年日本軍從南洋地區擄獲大批戰俘，將他們集中在這裡從事粗重的勞動工作。這個戰俘營，金瓜石居民稱之「突鼻仔寮」，也就是洋人集中營，而「寮」就字面解讀，可見營區有多簡陋，且造成當年許多水土不服的戰俘客死異鄉。1997年遂於舊址成立「終戰和平紀念園區」。

金瓜石這個山城如此多雲又多雨，但因其豐饒礦產，從發現金礦到礦業沒落，即便生活條件如斯貧瘠，但人們努力追求美好生活的毅力始終不可限量，小小的山城，百年來的熱潮至今未曾稍減，且愈加延燒而炙熱。

遙望原鄉的古村——望古

平溪區 平溪區位在新北市東北方，居基隆河上游。東面以內平林山等山與雙溪區毗鄰；東北邊隔五分山等山與瑞芳區相接；西方以火燒寮等山與石碇相鄰；南方因枋山坑山等山與坪林相對。由於台灣的造山運動，還有水文豐饒，平溪區因此形成諸多特殊地理景觀，尤其是瀑布群、壺穴等美麗地景。平溪區共劃分十二個里，其中包括望古里。

望古里 望古里位在平溪區的中北部，東方與南山里連接，東北方則與新寮里、十分里相銜，西南方隔山與東勢里、嶺腳里相交，北方鄰近基隆市暖暖區。

根據台灣鐵路管理局資料顯示，望古在 1972 年時候，為了掘採慶和煤礦遂設立名曰「慶和」站，是平溪線最後築建的小站。1989 年，因為望古村民建議改名成望古站，台鐵接納同意，當時由十分站管理，直到 2001 年方改由瑞芳站管理。

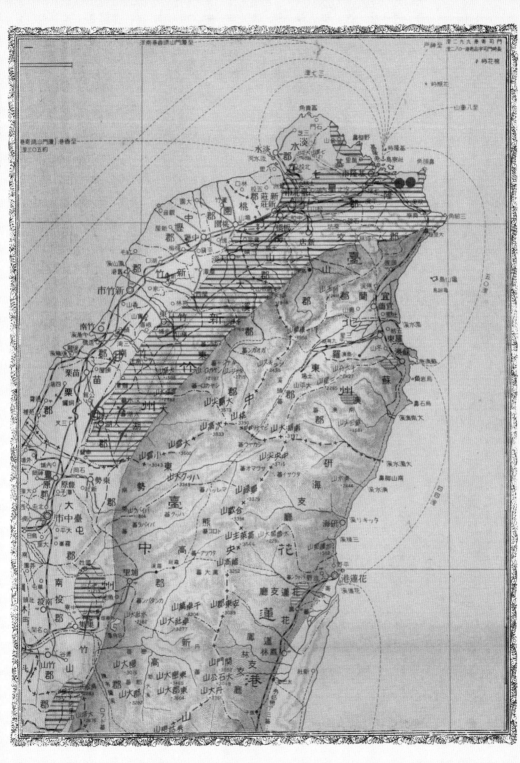

望古里

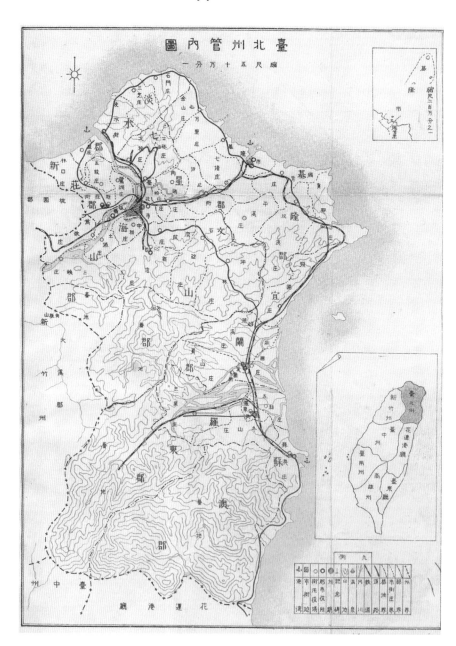

望古為平溪鐵道的一個小站，與平溪里一樣，過去這裡也是屬於凱達格蘭族的金包里等三社的社域，1820年始有漢人進入開墾，1946年改制成基隆區平溪鄉望古村，1950年復改制台北縣平溪鄉望古村，現為新北市平溪區望古里。

望古地區頗大，但人口極少，根據平溪區公所2015年的人口結構數字統計，目前有八個鄰，卻不及二百人。

望古小站

來到望古也是個意外。當時自平溪走山路下山，驟然瞥見這個極為特殊的地名，遂岔入聚落裡一探究竟。乍以為是一個集村的聚落，待抵達望古車站才發現，除了聚落旁寥寥可數的人家，也就只有空蕩蕩的車站。

望古，這個古色古香的名字，其地名沿革的背後卻非同字面般引人遐想。清治時期相傳泉州人進入望古坑挖採煤礦，後來礦坑因為大雨洪水而被吞噬，釀成人員死傷的不幸事件，於是才有「亡礦坑」的出現。但另有研究指出，現在的望古早年可能為不少墓穴之地，故也有「墓壙坑」一說。不過根據地方出土文獻，開墾十分寮新寮地區的望族胡姓一族，在清治時期的古契約書「鬮書」（財產分家合約）內已手記「望古坑」地名，望古地名的由來當可上探更早的時間。1972年為掘採慶和煤礦遂設立慶和招呼站，由於隸屬望古村，後改為望古站，是平溪線最後築建的小站。

晒鹽的大埕——鹽埕

鹽埕區
鹽埕區的東方到河西路止，隔愛河與前金區、苓雅區為鄰，西邊至鼓山一路，南方越過高雄港與旗津區相對，北面以愛河為中心，與三民區、鼓山區相毗。鹽埕區左倚壽山，右臨愛河，南面高雄港，成一三角地形。

哈馬星
「哈馬星」位在今高雄鼓山區內，大致由鼓山一路、登山街、鼓山漁港與哨船街圍出。日治時期高雄闢建現代港口，於是利用疏濬的泥沙填海造陸劃為湊町，且因有日語稱為「濱線」（はません，Hamasen）的鐵路通往港口，終點還有高雄港站，以後這塊新生地口語上便演變為「哈馬星」。濱線鐵路以東即鹽埕區。

1930 年代築港後的高雄港

鹽埕區瀨南街仍保留瀨南老地名

日治初期 1910 年代打狗港一景

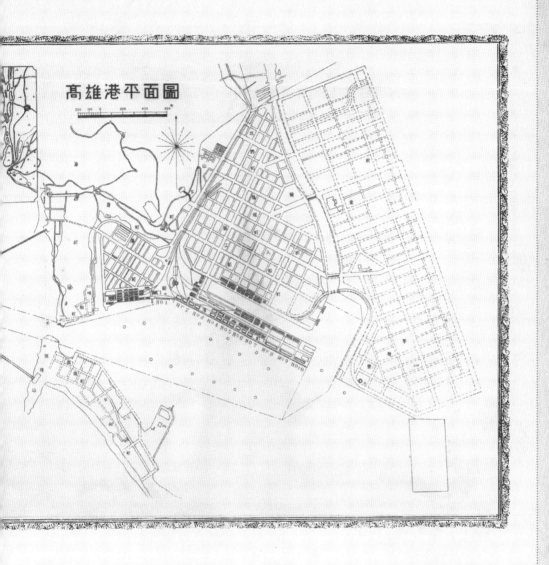

高雄港平面圖

日治時期高雄港驛

1920 年代旗後街港

鹽埕埔

　　鹽埕區是高雄港市發展極早的一塊區域，也因腹地傍河及打狗港而發展的十分繁榮，使得鹽埕區成為最風華絕代且深具異國風味的老城區。儘管現在鹽埕區因為捷運的開通而重新整頓過市容，但無論如何，鹽埕在地的老高雄氣息依舊濃厚。

　　然而最早被拓土開疆的鹽程區，並非是渾然天成的一塊陸地，而是比較偏南靠近鳳山市街（舊大竹橋莊）。從鹽埕二字，或許一目即可辨識出它原始的樣貌，一塊鹽田如何成為可以讓人安居其上的樂土？這得自清治時期前去探究這個老地名的線索。

　　史料載示，打狗港每年的冬季，至少有八十到一百艘的戎克船航行至此，在打狗的海域捕捉烏魚並短暫設寮，清康熙黃叔璥《台海使槎錄》〈赤崁筆談〉即提到：「鯽魚潭、打狗澳，漁舟雲集」，等到有漢人長住這塊低地，已是清治以後的時期。據載一名叫趙天（另有一說為「趙元」）和其

鹽　埕

鹽埕區的現在瀨南街模樣

他來自漳州的閩人，當年因為鳳山縣官方的招徠而到打狗拓墾荒地與晒鹽，他們原居住在半屏山一帶，誰知一場洪水侵襲毀了園地，後來移徙到現在的鼓山區，那時的鼓山區也屬「鹽埕埔」地，但僅有少數鹽丁守著這片低地。官營鹽埕在高雄的發展主要有瀨北、瀨南二場，瀨南較早所屬位置為鳳山縣大竹橋莊，後來瀨北被劃歸台灣縣（台南）管理。至清乾隆 21 年（1751）鳳山縣復新設鳳山里瀨東場，仁壽里瀨西場，此時瀨南場則移設興隆莊打鼓港口（打狗港），因此也有人叫鹽埕埔為「瀨南」，意思是指地勢很低的區域之南。

高雄港町風情

日治時期，於 1914 年（大正 3）開始擘劃建築高雄港，鹽埕埔多數陸地幾乎由開港時候挖掘出的泥沙鋪平低地與鹽田而成。於是，一座以愛河與高雄市隔開的街市於焉拔地而起。日本人當時規劃鹽埕區有五個行政區：北野町、鹽埕町、堀江町、榮町、入船町。

北野町位在鹽埕區最北邊，取荒草野地之意稱「北野」，即早年「鹽埕社」、「鹽埕埔」之地，日治時期為台灣人居住的地域；鹽埕町是鹽埕區的中心，媲美西門町，人口最多，也最繁華；堀江町本來是愛河入海（內港）的「堀江」地帶，亦即目前大水溝的入海處，高雄築港後，成為碼頭、倉庫與日本人居住的地區；榮町在當年有寬大的廣場，也是從前地下街上的仁愛公園，另有金鵄館（即曩昔大勇路上的光復戲院）、酒家等，是日本人尋樂的區域，因為繁榮故名榮町；

入船町在築港後，成為泊船的地方，遂有入船町之名號。

時移事往，鹽埕區捷運開通後，加速了高樓與旅店的設立，市政府推動許多老舊空間再造，尤以駁二特區以舊倉庫改造成公共空間最是亮眼。然而，若沿著棋盤式的街道不設防地行腳，將遇到昔日繁榮的五金產業特色街——公園路，還有也因昔日美軍駐地高雄港，一間間酒吧（包括愛河對岸的七賢路）於此開立營生，成就了一座不夜城；爾後美軍離開，許多國外遠洋漁船靠岸後，行船人也會上岸在此飲酒尋樂；附近富野路也是一條詭祕的街路，傳聞曾是宵小銷贓的「賊仔市」；還有名聞遐邇的「舊堀江」舶來品市集，以及著名的大溝頂滷味等等，一路見證從鹽田至今，鹽埕區的風華從未曾稍減。

高雄老郵戳

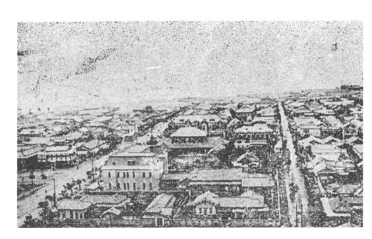

1920年代高雄港町

昔時拆解五金買賣的公園路

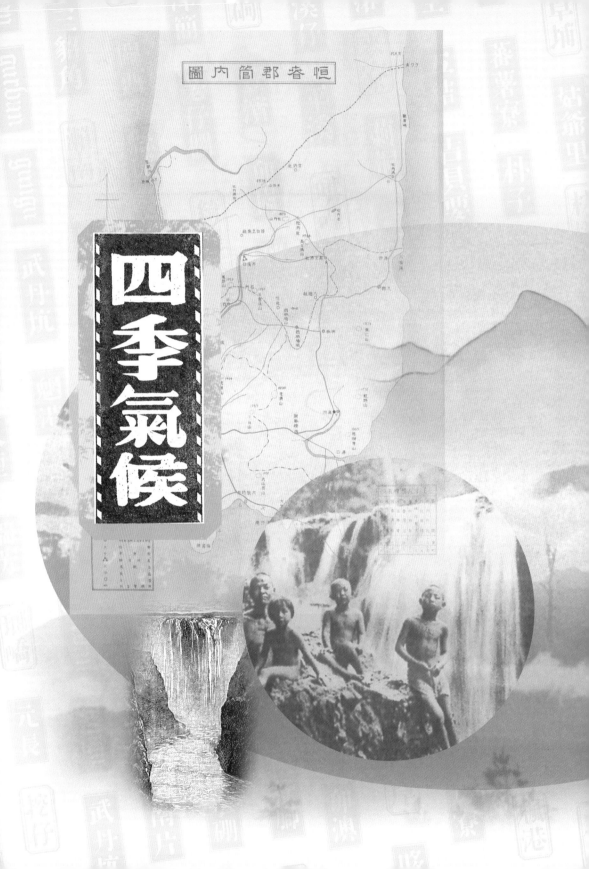

四季氣候

恒春郡簡內圖

四季幻化的地名身世

　　雖然台灣四季氣候分野不太明顯，但許多地名仍是因氣候變化而起名。

　　多年前一次機緣到訪澎湖風櫃半島，時值冬日，東北季風強勁吹襲，那是第一次親眼目睹，古老漁村所傍近的海岸嶙峋墨黑岩石間，因為海潮深入岩層下的海蝕溝槽，復從地面上的縫隙中噴射出來，其聲參雜著濤聲及海水抽吸聲，又如風箱一樣鼓風而起，恍然明白「風櫃」之地名有如天造地設般契合。而澎湖還有一個地名亦十分特別，就是「火燒坪」。火燒坪是現在的馬公市光明里，從前村民捕魚回來在住所前搭建簡單的棚子晒一串串的魚乾，這個地方就叫「坪」。時日一久，棚架會發出一股腥臭味，只要冬天一到，這裡的村民因為原鄉多是福建，要回老家過冬，於是便把發臭的「坪」一把火燒掉，此後「火燒坪」的地名就流傳下來了。

在南投縣竹山鎮的福興里，有一種開花沒有時序的植物叫不知春，非常稀有，當地即以「不知春」作為地名。

雲林縣四湖鄉有一個地名也是因為風而取名，就是「飛沙村」。這個村落係由頂飛沙、東飛沙、下飛沙組成，因為臨近海濱，屬砂質地形，只要東北季風一颳，便呈一片飛沙走石之奇觀，故名「飛沙」。

十二月前往楓港時，是日天氣晴朗，完全無遇落山風。走到聚落外的堤防，看見一排風剪樹，想必東北季風來時這裡必然是完全迥異的景象，也名符老地名「風港」之實。翌日於恆春老城果真見識了落山風之狂，儘管前一日還晴空萬里，才一日之隔，行走在街道上，便看見馬路兩側的店家雨棚幾乎要掀飛，路上許多物品被吹走。然而，風雖大起，恆春半島氣溫並不冷涼，怪哉！

浸水營古道位於屏東縣，「浸水營」最早出現在十九世紀末的《鳳山縣采訪冊》。根據文史專家楊南郡的書寫記錄：

「據耆老傳說，是形容此地氣候溼度極高，終年濃霧深鎖，物品經常溼漉漉，猶如浸泡水中一樣。」另外，楊南郡也臆測，有可能是在清光緒二十年，因暴雨來襲導致無法宣洩，致使營盤浸水才有此地名。

　　一路寫來驟然發現，這些有關四季氣候的老地名幾乎都背山面海，且多遭遇東北季風的襲擊，繼而發展出當地獨特的景觀。據學者洪敏麟解釋因台灣地理位置居熱帶、副熱帶地區，經年氣候溫和，所以才有絕少會因惡劣天候氣象而不適宜人居住的地方。

落山風起時的港澳──楓港

枋山鄉

枋山鄉位於中央山脈尾端的恆春半島上，由率芒溪、枋山溪、楓港溪三條溪流匯聚而成的沖積扇地形，是台灣最小面積的鄉鎮。每年十月至翌年四月，是恆春半島著名的落山風好發季節。枋山鄉也是台1號、台9號、台26號等公路的交會樞紐。枋山鄉境內包括加祿、枋山兩個鐵道車站，轄內有楓港、善餘、加祿、枋山四個村落。

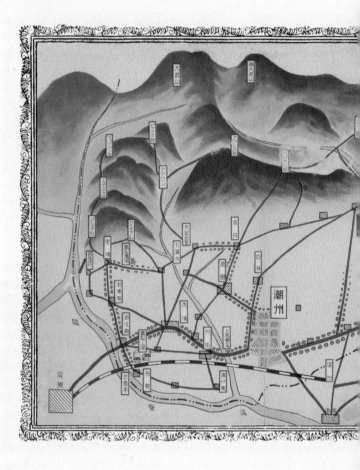

1930年代車城龜山。牡丹社事件日軍即由龜山附近的琅嶠灣登陸

楓港海岸

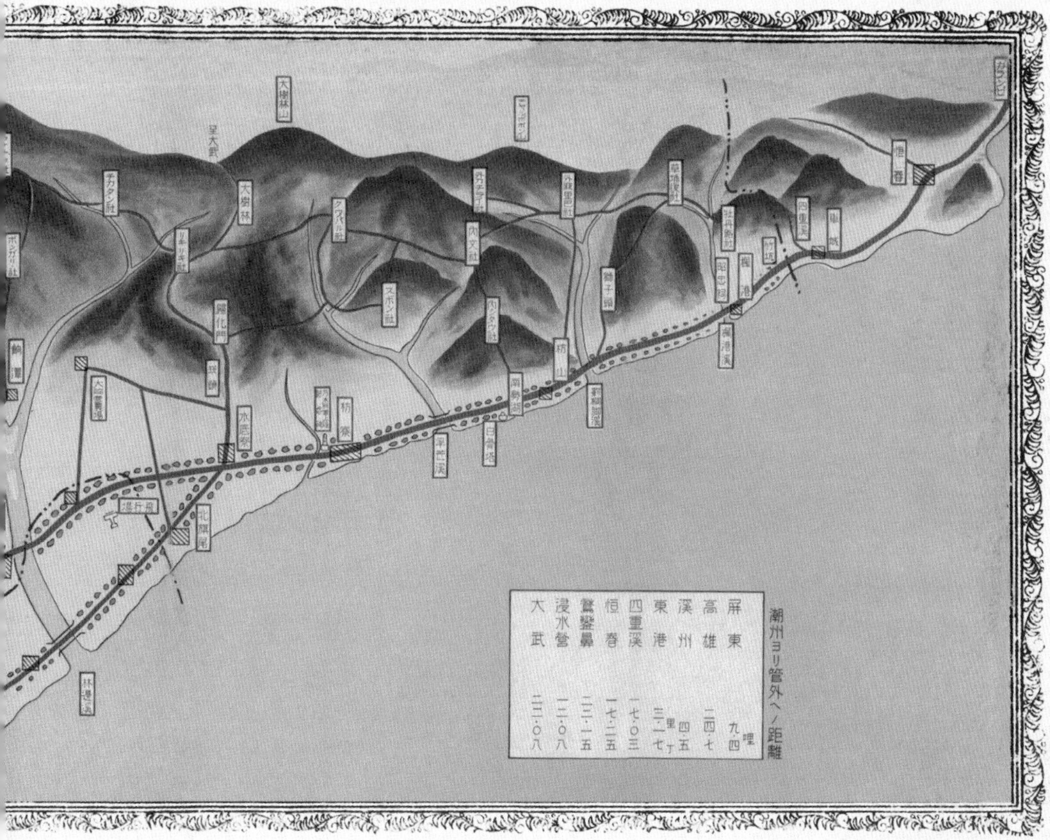
潮州ヨリ管外ヘノ距離
屏東 九・四 哩
高雄 二四・七
溪州 四・五
東港 三・二七 里丁
四重溪 一七・〇三
恒春 一七・二五
鵞鑾鼻 二三・一五
浸水營 一三・〇八
大武 二三・〇八

1930 年代潮州郡地圖

楓港內海

楓港村外台 1 線

風港 · 楓港

　　車子過楓港橋後，有一些熟悉的氣息躁動起來。許多年前來過這裡，或往墾丁、或往台東，那時保育法尚未實施，這裡仍舊販售燒烤的保育鳥類伯勞。而今再次抵達，路邊隨處是烤魷魚、烤小鳥的攤販，還有一袋袋的洋蔥農產。向從金門遠嫁來楓港，經年守著攤子的婦人詢問，才知道現在的鳥類貨源來自配種的飼鳥場。走入楓港街上，見楓港似已有所蛻變，但蛻變中彷彿又留守住舊時代的某些餘韻，尤其許多地名的玄祕。

　　清治康熙年間，就有漢人自楓港溪口登陸拓墾，1765 年後，又有泉州人與南排灣族人協議繳納租金，開墾頂楓港的舊庄。

　　在楓港街上經

營雜貨店七十六歲的林弘雄表示，他居住的村落就是善餘村。楓港村和善餘村僅隔馬路中的一條黃線，一分為二。善餘村原屬於楓港村，約五十年前人口遽增，遂將楓港分成兩個聚落。善餘村後來易名德隆村，原來善餘村的取名，林弘雄解釋成「從善有餘」之意。他舉例本地許多老地名的演變，如五塊厝，後來也更名為成功。至於楓港的地名，原來是風港，但後來為何變成楓港，林弘雄推測應是地形之關係。他畫出楓港的地形圖，形狀宛如一片楓葉，楓港溪貫穿中央，所以楓港溪是楓葉的主脈絡，而楓港附近就有楓林，有老樹也有新種植的；另有一說法，是因為濱海的這裡東北季風強大，所以才稱之。

　　文獻裡的楓港，最早是「風港」，恆春半島的每年九月到翌年三月，是東北季風的季節，落山風也在此際發生。楓港因為傍海及楓港溪口，因此楓港原來有「落山風的港口」之稱。另有說法，是因為這裡生產木柴和木炭輸出，所以才在風字旁加上木字。

　　至於楓港是否有楓樹才改寫成「楓」港？林弘雄說有楓樹，在楓林村一帶，但跟楓港地名無關，楓林村是由排灣族人

組成的楓林部落（Kaidi），本來居住在更遠的深山裡，日治時期日本官員上山不易，為了便於管理原住民，分散原住民的部落勢力，就打散他們的族人，驅逐下山，分批送到不同的

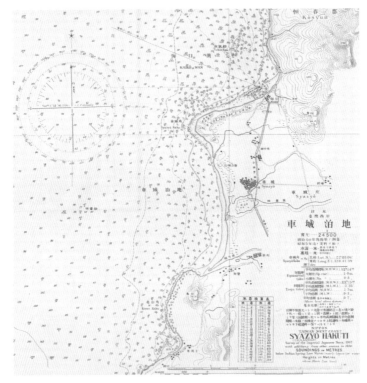

楓
港

日治時期車城可泊船的港口地形圖

日治時期排灣族力里舊社舞踊

他處去，原住民下山後即散居在枋山溪的上游麻里巴山一帶，以及楓林部落與新路部落。日治初期，楓港村落不如現在大，林弘雄的商店這一帶少人敢居住，因為原住民常下山出草，所以居民都用木頭圍築籬笆，成為一個柴城，以防有人來襲。

戰後初期楓港溪的出海口還有一個舊港，帆船在此停泊運送貨物，如今港口已廢。當年帆船多來自澎湖或者台灣北部，過去陸路交通不便利，所以倚賴水路頗重。早年討海人也會上山去砍柴，再由帆船轉運高雄或者中部的城市，有的甚至還送到澎湖。帆船的主要任務是載運木柴和火炭（木炭），那年林弘雄約莫五歲。開立雜貨店約五十餘年的他說：「交通不便的年代，雜貨店貨源都來自北部，而且以菜脯、鹹魚等不易腐壞的食品為主要。」

楓港居民多仍以務農為主，主要作物有芒果和洋蔥。原本大約有一千多戶的人口，後來人口多遷移或外流，現今的楓港居住者多為老人。

耆老林弘雄的雜貨店

楓港街景

八瑤灣 · 牡丹社

未改稱前的風港亦曾被標註在「牡丹社事件」的文獻裡。1871 年日本有船擱淺在台灣東南岸的八瑤灣，船上生還的六十六人中有五十四人被高士佛社的高山族殺害。當時生還的十二名日本人，從車城灣搭船到風港，風港走陸路到鳳山縣。

後日軍出兵攻打牡丹社，牡丹社成為代罪羔羊。這起事件日本國稱之「台灣事件」，而在 1874 年「六月一日日軍兵分三路，北從風港，正面由石門，南面自竹社，夾擊牡丹社，燒毀其村落。牡丹社眾逃入深山」，日軍後來也在風港派兵駐紮。

現今楓港的海岸除了一個內海灣港停泊幾艘漁船，也築起高高的堤防和投放許多消波塊。冬天的楓港風勢確實強烈，而這裡的民宅為了防風，除了建築本身以石頭建屋外，還有特殊的曲折巷弄，是為了防禦強風的吹襲。台灣許多傍海沿岸的城鎮，似乎都能從艱難的生活中擷取出生存的智慧，一如楓港。

牡丹社事件

琉球被迫成為日本薩摩藩之附庸後，1871 年 10 月，四艘航往琉球國王進貢的船遭遇暴風，其中一艘於 11 月 6 日擱淺在台灣東南岸的八瑤灣。船上共有六十九人，有三人落海失蹤，上岸的六十六人在是月 7 日被高士佛社人追殺，共五十四人遇害，餘十二人後為粵籍人士援救，於 1872 年返日本國，日本方面稱為台灣事件。因牡丹社、爾乃社及高士佛社往來密切，三社同遭日本討伐。1874 年 5 月，西鄉從道率兵由瑯嶠灣的龜山登陸，兵分三路夾擊，於石門發生激戰，此役重創牡丹社，亦即著名的「石門之役」。

牡丹社事件中日本陸軍中將西鄉從道與斯卡羅族領袖合影

四季恆常如春——恆春

恆春鎮　地處恆春半島南方的恆春鎮，東臨太平洋，西臨台灣海峽（南海），南邊則有巴士海峽，是台灣最南端的城鎮。恆春鎮目前涵蓋有：城南、城北、城西、山腳、網紗、仁壽、茄湖、頭溝、四溝、德和、龍水、大光、山海、水泉、南灣、墾丁及鵝鑾等十七個里。

日治時期恆春西城門

恆春鎮西城門

恆春鎮南城門圓環

日治時期恆春郡役所

恆春鎮北城門

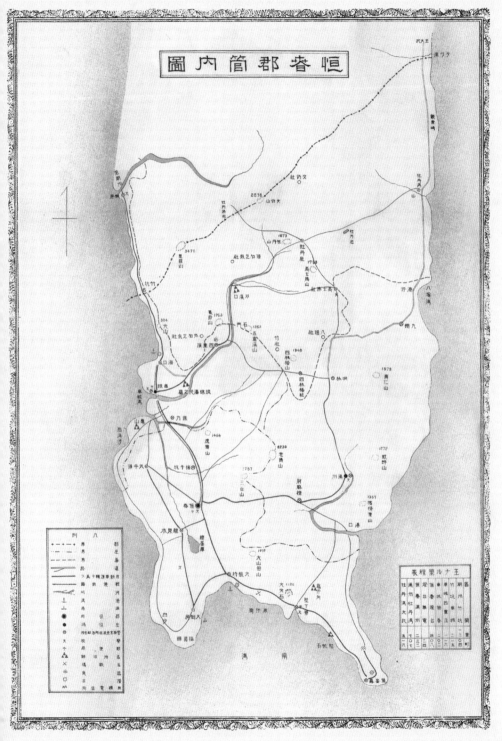

圖解台灣老地名

瑯嶠

下車後步行到西城門前時，親眼目睹當地居民仍舊自城門進出，剎那間有種時光錯置之感。經由一間叫做「縣城」的旅店人員介紹，繼而認識屏東縣屏南社區大學的副校長張順興，經由他

詳盡的解說與介紹恆春古城後，就不難發現恆春古城地名種種說法與其發展脈絡與淵源了。

恆春於 1875 年建設恆春縣城，1904 年改名為恆春街，1920 年定名恆春至今，恆春之名完全因當地的氣候而來。而關於恆春鎮的原地名「瑯嶠」由來，張順興說可能源自原住民。除了瑯嶠地名為人所熟知外，明清以前恆春盛產蘭花，

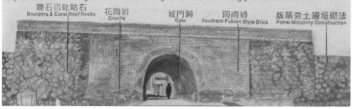

西　門

目前西門門樓於日治大正年間拆除，只剩立面的雄堞和門洞，昔日是恆春城的商區。城門南側有「禁自盡圖賴碑」，乃於光緒2年頒布，主要敘述禁止民眾自盡圖賴他人的法令和刑則。

West Gate

he West gate tower was torn down in the year of the Taisho Era (1914) during Japanese colonia eriod (around early 1900), only the battlements on the castle and the gate were left intact. Thi rea was the central business district in the former Hengchun ancient town. At the south side o he gate, the imitational stone tablet at the south of the gate was proclaimed in the 2nd year i he reign of Ch'ing Emperor Kuang Hsu (1876 A D), and mainly described the decree and penalt hat prohibit committing suicide and accusing someone else wrongly for the suicide.

礁石與咕咾石
Boulders & Coral Reef Rocks

花崗岩
Granite

城門洞
Gate

閩南磚
Southern Fukien Style Brick

版築夯土牆垣砌法
Panel Masonry Construction

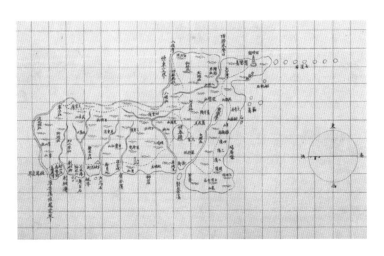

所以還有另一個鮮為人知的美稱——蘭花城，可能後人較少培育，蘭花就此凋零。後來另有蘭花的原生種短暫流傳，當地人稱它「阿嬤」，惟目前已經絕跡。

　　據文獻的記錄，「瑯嶠」這個地名可能源自排灣族的語言，意思即是蘭花。順著語音，當地人的台語說法即為「Long kiauw」。除此外，根據鳥居龍藏的田調紀錄，也可能出自平埔族語「Buja」，意思是魚。

恆春城紀事

　　恆春築城的由來，是因為發生了「牡丹社事件」後，清廷才開始重視這塊化外之地。這段歷史後來有了日文《風港營所雜記》記載始末。這起事件雖然稱為牡丹社事件，但建城卻是在恆春，嚴格而論，牡丹社事件波及了整個恆春半島。

　　張順興提到，聽說一開始要築城，擇選的地點位於車城，所以車城也叫柴城。會如此稱呼是因為從前原住民常下山掠

奪，當地居民一開始用木柴架圍籬抵禦，現在車城的車站一帶，還保留有東門腳的稱謂。當年原住民下山的路線是從牡丹社下山，經過四重溪進入車城，車城人遂在現在福安宮附近一帶築城。柴城地名的發生，還有一個可能，因為車城後來慢慢開發，交通上的車輛繁忙，也許是為了載運木柴，所以牛車等運輸交通工具日漸增多。日治時期的恆春半島有許多海口港是專門輸出柴木使用，現在的車城、楓港等地的靠山一帶居民，早前都是從事砍伐樹木、燒木炭的工作。張順興幼時其父親也是從事燒木炭的工作，時常到山裡去打窯、鋸木頭，後再燒成木炭販售。

　　恆春半島的原住民以南排灣族為主，此外還有阿美族，後又有來自大陸廣東、潮州、汕頭一帶的移民，不少客家人也渡海而來。目前恆春鎮上的客家人，他們先祖來到恆春城的時候，族人都聚集在南門附近，幾乎都姓鄭，以經營碾米廠而致富，聽說當年恆春築城時他們也參與了一部分的工作。漢人來了之後，原住民

恆春鎮是恆春半島的生活重鎮

們即遷徙往四重溪、石門、牡丹，移居直到旭海等地。

恆春調思想起

　　清末民初，很多外地來的人進入恆春城討生活，反倒是

恆春半島的居民鮮少進入恆春城。張順興的夫人娘家於1913年（大正2）開始經營中藥行，目前已經第四代了，有近百年的歷史，當年藥材的運輸可能沿著海岸線走，以牛車代步，興致一來就沿途哼唱民謠。當時在滿州鄉燒好的木炭等貨物，裝上牛車後自滿州出發運送到車城，迢迢長路，從滿州到車城得花上一天的工夫，所以每到一個地方就把當地的人事物唱入歌裡，因為民謠本身就是一種即興的歌唱。陳達是首位被發現懂得恆春民謠的歌者，嗓音滄桑並富情感，深深唱出異地遊子的思鄉之情，雖然貧苦一生，卻未減對歌唱的熱愛，他眼睛所見即可馬上唱出歌謠，許是在他成長過程中就懂得許多曲調，後來加入他自己即興的詞，立即豐富了歌謠。當然，恆春民謠可能有人比他唱得更好，只是未被發掘。因此，在民謠館裡，可以看到許多被整理出來的彈唱恆春民謠之佼佼者。

恆春調分有七種，而曲調的來源可能也是外來。張順興提到有一種說法，是因為當地人上山去燒

木炭，在砍樹勞動間，就對唱出山歌一樣的曲調，裡頭較多是描述男女的情愛成分。在對唱的過程中，只要一方唱出，另一方就得立刻即興想出歌詞唱和，目前恆春有一批年紀約八十歲上下的長輩，他們唱出的曲調非常令人感動，可能與他們當時生活背景有著密切關係。因為貧窮，歌裡就反映出哀怨；或者，依憑媒妁之言而未曾見過對方一面的婚姻，即互訂終身，如曲調〈牛母伴〉，內容牛母指的是娘家，伴就是另一半，而未來出嫁後到另一個地方，對方會待她如何不禁讓她多所臆測，內心即反映將遠嫁而捨不得娘家的心情。在聽歌之際，很自然就可以從歌調中所傳達的深刻意思而受到撼動。目前恆春鎮仍有恆春民謠的教學，經由老中青三代傳承給下一代。

恆春有寶

昔日的恆春鎮以北，農作物以水稻為主，五里坪機場一帶則以種甘蔗為主。日治時期有人從墨西哥引進瓊麻，以致後來在 50、60 年代，大家開始瘋種瓊麻，因為瓊麻產值高，整個恆春半島的經濟起飛便始於此，約莫在 1959 年之後達最高峰。瓊麻可以製作成麻繩、纜繩外銷到各國去，一般碼頭的纜繩就是瓊麻製成的。當年恆春半島整個山頭的數千甲農地，滿山遍野都是栽種瓊麻。張順興小時候也曾去割過瓊麻葉，一年收割一次，自幼苗到長成可以收割的瓊麻，需要等待三年的時間。那時候恆春半島從事瓊麻農業人口，約占整個恆春半島三分之二左右。張順興說，恆春半島瓊麻種植的黃金時期，大概歷經二十年之久，直到尼龍繩取代麻繩後，瓊

麻的農業就沒落了。然而，這也有另外的好處，因為瓊麻的特性在於今年收割後，必須將周邊的樹全部砍光，要不瓊麻會被樹蔭遮擋無法順利長成。如果現在仍持續栽植瓊麻，從北部的楓港、車城、牡丹、恆春山，直到最南方的鵝鑾鼻路邊農地，全部種植瓊麻，恆春半島就沒有樹木，大概也無法發展觀光業了。瓊麻為當年的恆春城內部分居民，幾乎助他們在一夜之間致富。故此，恆春城外的窮苦人家才稱羨而直呼恆春城為「縣城」，那時候也流傳一句「要去縣城吃大麵」的說法，現在恆春街上還能看見「呷大麵」的店招牌。張順興也說，恆春城外的人也好吃檳榔，屢屢進城都要買檳榔，那時候的恆春老街整條路都賣檳榔，也因此而流行一句「要說親成（婚事），會成，不成，檳榔、菸要做前」，可見檳榔與菸在恆春人日常生活中，占有多麼重要的角色。

　　瓊麻農業結束後，洋蔥就進入恆春半島了，它當然也是恆春的經濟作物。有人因為洋蔥賺大錢，也有人因為洋蔥而散盡家財，原因在生產的洋蔥大都外銷日本，賣價起伏波動甚巨，無法有穩固的保障價格。洋蔥在每年中秋節前即開始栽種，必須先播種後再移植到農地。如果錯過當季的種植，

過了農曆年後少了落山風，氣候開始炎熱，南風颳起，洋蔥很容易從心開始腐爛；如果正好種在落山風正起的時期，洋蔥也剛好結果，只要落山風一颳，它的莖被落山風吹倒，吹倒的洋蔥養分不會流到葉子，會儲蓄在果實裡，所以恆春洋蔥的口感與台灣其他地方洋蔥最大的差異性在於此。

古城碑林紀事

張順興也提到從前古牆無人管理，許多人家蓋房屋都緊靠著恆春古城外牆而建。1961 年，張順興剛進恆春城的恆春中學（今恆春國中）就讀，那時候周遭的馬路尚未拓開，公車出入都走城門，且城門也還沒有墊高，較低矮，還好當時公路局的公車比較矮寬而小，所以容易進城門。然而，古城牆也因為許多的天災而傾圮，那時候仍未修繕，牆面不高，中學生的他們還都可以翻上翻下地爬。古牆再重修已經是 80 年代以後的事了。

現在的西門附近還留有日治時期的「忠魂碑」，雖字跡已殘，但可知道此碑文是紀念二次世界大戰犧牲的日本軍，忠魂碑旁還有一塊已經完全不見的碑銘，是日本人立下的「國境之南」碑，因為日本國緯度較高，日本人自認他們的領土就是位在台灣最南端的恆春所以立碑，後為國民政府取下。還有「兵器整備記念碑」也是日治時期豎立的碑，意思是日

本政府向恆春半島民眾募款供其製造兵器、購買武器,而於石碑背面刻下捐獻者的名字。西門內往外的東邊立有「嚴禁自盡圖賴碑記」,清治時期許多因為經濟與生活不佳而失意的人,會爬上城門跳下自我了斷,而選擇在城內的用意係蓄意向政府求償,後來政府立碑警示,嚴禁在此自殺,甚至言明欲自殺者還要加重處罰。

文獻記載的恆春縣城城垣長約 2600 公尺,在恆春古城盤桓數回後,如果不急於趕路,沿著城牆信步,許多老城的故事,將會在步行過程遭遇的遺址或者民居中,一一被召喚出來。

兵器整備記念碑

忠魂碑

家族血緣

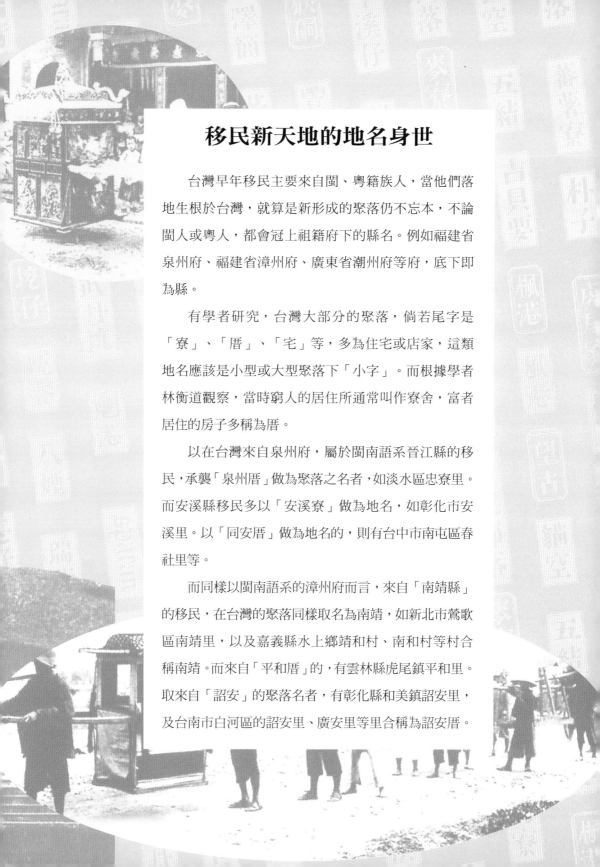

移民新天地的地名身世

台灣早年移民主要來自閩、粵籍族人,當他們落地生根於台灣,就算是新形成的聚落仍不忘本,不論閩人或粵人,都會冠上祖籍府下的縣名。例如福建省泉州府、福建省漳州府、廣東省潮州府等府,底下即為縣。

有學者研究,台灣大部分的聚落,倘若尾字是「寮」、「厝」、「宅」等,多為住宅或店家,這類地名應該是小型或大型聚落下「小字」。而根據學者林衡道觀察,當時窮人的居住所通常叫作寮舍,富者居住的房子多稱為厝。

以在台灣來自泉州府,屬於閩南語系晉江縣的移民,承襲「泉州厝」做為聚落之名者,如淡水區忠寮里。而安溪縣移民多以「安溪寮」做為地名,如彰化市安溪里。以「同安厝」做為地名的,則有台中市南屯區春社里等。

而同樣以閩南語系的漳州府而言,來自「南靖縣」的移民,在台灣的聚落同樣取名為南靖,如新北市鶯歌區南靖里,以及嘉義縣水上鄉靖和村、南和村等村合稱南靖。而來自「平和厝」的,有雲林縣虎尾鎮平和里。取來自「詔安」的聚落名者,有彰化縣和美鎮詔安里,及台南市白河區的詔安里、廣安里等里合稱為詔安厝。

來自「汀洲府」者多屬客籍，如雲林縣二崙鄉永定村與定安村，稱為永定厝。而福州府的移民，多與漳、泉籍的族人混居。

廣東省以府州做為地名，如潮州府。而以潮州府「大埔縣」做為地名的，有彰化縣員林鎮大埔里、嘉義縣大埔鄉、台中市潭子區大豐里（老地名為大埔厝），以及嘉義縣大林鎮東林里、西林里，昔日稱大莆林。而來自潮州府惠來縣則以「惠來厝」作為地名，如台中市南屯區惠來里，雲林縣虎尾鎮惠來里亦然。而屏東縣潮州鎮則是由數個里集合成聚落，至於潮州府饒平縣的移民，除了彰化縣田尾鄉饒平村與陸宜村聚集成饒平厝外，彰化縣永靖鄉內的客家族人皆乎全來自饒平縣，只是後來與閩人雜居，語言幾乎同化，成了特殊的永靖腔。

至於來自惠州府之移民，茲以「海豐」做為地名依據。如嘉義縣鹿草鄉豐稠村（日治時期，「海豐」和「馬稠後」大字各取兩個字後的合併）、桃園市大園區埔心里稱之海豐坡。

在動盪不安的移民時期，常常發生族群械鬥情事，因此集合相同血緣族人一起拓墾打拚、合力抵抗外侮，後來集結成聚落，便成了生存上極為重要的方式與條件。一般的判別有二：「厝」是屬於閩南人的聚落形式名稱，舉例而言，彰化縣永靖鄉陳厝厝、彰化縣鹿港鎮顏厝、嘉義縣六腳鄉蘇厝

寮等聚落；「屋」則是客家人的聚落稱謂，如桃園市新屋區、平鎮區宋屋里、苗栗縣頭屋鄉等。

　　文史專家陸傳傑在其著作裡紀錄，1926年的台灣一次祖籍調查報告彙整之數據顯示，福建籍中以泉州府人口最多，漳州府列次，二者總和占了福建籍人口的百分之九十六，而汀洲府、福州府、永春府、龍岩府、興化府則是剩餘的百分之四。廣東籍的人口依序排列為：嘉應州、惠州府、潮州府。而若以各州族人據點分布，泉州人以台灣西部沿海平原、澎湖、台北等地為主；西部平原內側、北部丘陵地、蘭陽平原、花東縱谷南北端為漳州人的主要據點；至於廣東人的分布，則於西北部的丘陵，屏東平原的北邊，還有花東縱谷中段。

　　台灣有關家族血緣命定的地名，整合起來概與十七世紀之後，閩、粵籍族人之移動到台灣島上討生活、求生存，以及擇定落腳地點之地理地形有絕對的關連。再則是複雜性的語言影響聚落形成的命名，尤以閩、客雜居的聚落地名愈形特殊。然而，因族群血緣系統如此多元，才形成家族和地緣之結合，繼而產生如此豐富的特殊色彩之地名。

永久平靖之地——永靖

永靖鄉 位於彰化縣中央偏東南的永靖鄉,東邊與社頭鄉相連,東北方與員林鎮銜接,西方與溪湖鎮交界,南邊則鄰田尾鎮,北方則與埔心鄉交壤。永靖地形為沖積平原,境內沒有山丘。

日治時期永靖公學校

右為通往崙子村的道路,左則通往瑚璉村

永靖火車站是一無站員的車站

日治時期員林郡水果名產,蜜餞也延伸成為特產

永靖街是永靖古老街道之一

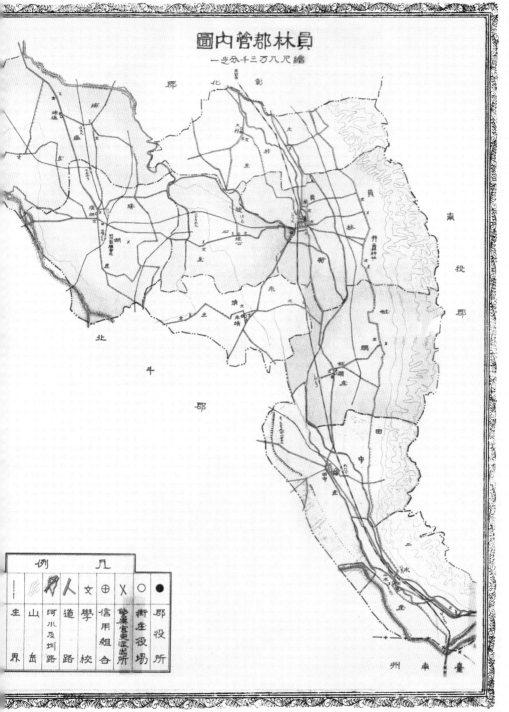

員林郡管內圖

縮尺八萬三千分之一

凡　例						
	●	○	X	田	人	文
‖‖	郡役所	街庄役場	警察官吏派出所	信用組合	道路	學校
庄界	山岳	河川及圳路				

關帝廟

永靖的火車站是一無站員的車站，步出車站即銜接上崙子村永崙路。往前行，幾乎是工廠與民宅並容，極少能遇村民，能遇者也多聚集在廟埕。

1741年（乾隆6）劉良璧纂《重修福建台灣府志》坊里項中，屬於今永靖地區的崙子莊、陳厝莊、湳港東莊、湳港莊等已出現在大武郡保內。走過崙子村的永崙路之後，接上九分路，這一帶村落與村路分布十分歧異。屢屢不經意間，僅隔條小路，隔壁已經是另一村莊了。例如，崙子村和五汴村僅隔九分路即成兩個聚落。五汴村之五汴地名，係在建莊的位置開設埤圳而設置第五個分水門處，於今，埤圳貫穿五汴村境內的圳道，遂稱呼五汴頭排水。五汴村因鄰近縱貫線的中山路，發展趨於都市化，此村落共集有九份下、陳厝、何厝、朱厝、林厝、余厝等鄰。

以陳厝而言，陳姓是永靖鄉第一大姓，主要分在於港西、五福、獨鰲及五汴村。而一個姓氏聚落家族人口之眾，往往

九分路上常見分歧的綿長小巷配置

令人咋舌，如港西的陳聲榮家族，即有一百多戶的後裔，等
同一個小村落。在經過五汴村時候，向在地居民詢問方得知
五汴村的陳厝亦是個偌大家族，據資料顯示《陳厝祖譜》曾
記載，其祖籍為廣東省嘉應州鎮平縣東風嶺，其先人十八世
祖陳悅綸公（1734-1799）約於乾隆年間渡台，生四子而傳衍
下四大房裔孫，而目前在永靖的祖厝名為穎川堂。當抵達村
內陳厝時，遇到的一名陳厝族人表示，因外出時日已久，對
於宗族事宜不甚了解，僅就所知家族來自廣東一帶，這裡族
人共有五十餘戶，但已有多戶遷徙他地。

　　在永靖的許多村落皆存在諸多血緣宗族集成聚落的現象，
又如瑚璉村。出五汴村沿中山路走，即可銜上瑚璉村，而瑚
璉村相當於永靖鄉的鄉治中心。瑚璉的地名原名「苦苓腳」，
另有一說為苦苓是客語瑚璉之意。而於瑚璉村也分布不少家
族血緣的聚落，例如吳厝巷、余厝、高厝、莊厝等。

　　永靖之地名發生，也是與鄰村永北村的甘霖宮有關。在
甘霖宮受訪的宮主朱祐亮，操著濃濃的饒平混永靖腔聊述，

老家原在彰化縣溪湖鎮，父親戰前自隔壁的西湖鎮走路來此就讀永靖公學校，後來就遷徙至此，家族本身是饒平客，朱祐亮即在此出生，所以腔調中就帶有比較濃厚的永靖腔。關於「關帝廳」老地名由來，是因為這裡本來就有祭祀一尊小小的關聖帝君，裡頭也供奉康熙年間分靈來的三山

甘霖宮管理人朱祐亮先生

國王。聊起靠近關帝廳這裡的居民從前生活的概況，朱祐亮說，昔日這裡的民居多為竹管厝和土角厝，大約 60 年代在廟前的馬路原有一棵大榕樹，後來遭雷擊死亡。朱祐亮的父親因緣際會下遷居至此當時，這間雍正年間創立的甘霖宮尚未建成現在規模，供奉關聖帝君的廟很小，都由其父管理。直到朱祐亮出生那年，他的父親改建甘霖宮。甘霖宮建廟前到

永靖鄉最早地名源起地點甘霖宮，也是饒平客到此拓墾的最早聚落

今日已歷三百餘年，當年這一帶居住的居民雖然都是以客家族人為主，但早已不會說客家話，只能說些簡單的稱呼語。

附近的下厝底（邱厝）一帶，還有陳氏家廟，也是饒平縣的客家人群聚為主。因此永靖鄉有邱派、陳派之分。當年關帝廟這一帶到永靖高工，幾乎都是邱氏五大房的土地。現在關帝廟一帶因早年閩南河洛人移入，因此語言同化嚴重，漸漸就以河洛語為日常語了。

以前也有城池的永靖北門橋

大發路老地名挖仔街，昔日是驛站所在地

永久安靖

永靖時常發生械鬥情事，為求自保設有城門，原本的城門後因械鬥而焚燒殆盡，卻也留下四門的稱呼，當時的北門即為現在永靖的北門橋。而在北門橋前的鄉公所附近以前名叫苦苓腳。朱祐亮念小學時，公所附近種植的都是林投樹，已不見苦苓樹。朱祐亮也提及現在的大發路從前叫挖仔街，在清治時期是驛站，這裡曾經是條繁榮的街道，有商店和旅店等。

史料記載，1813 年嘉慶年間，因「粵莊人稠地密，趨赴各市維艱」，遂鳩集在關帝廳莊前，建立新的永靖街。永靖的地名一說是乾隆年間，彰化縣境常發生民變與械鬥，而在一波

波的民變抗清中，粵籍族人常化成義民協助清兵與閩籍人士
對抗，故造成粵、閩二省籍間偌大罅隙。縣令楊桂森為改善
族群的惡化關係，才將此地取「閩粵和平相處，永久平靖」
之說而命名永靖。另外流傳說，因為此地區昔日祝融頻仍，
常燒毀老屋，在地居民苦於火災之患，所以將地名命為「永
靖」，取「永久安靖」之意。然而，在日治之初永靖仍以關
帝廳地名行之，1920 年方恢復永靖之名。

　　另許多的研究資料裡提及，永靖地區的特殊永靖腔，是
閩南語漳州音之系統，其主要的關鍵在於一個韻母的轉變，
其他則與大部分的漳州腔相同。永靖腔的形成與移民原鄉有
極大關係，茲因本地的廣東潮州府移民皆以潮州話為主，這
和來自福建的漳、泉人所說的閩南語相當接近卻又有區別。
由此，自朱祐亮的口音即可細辨出，雖然他說著流利的閩南
語，但閩南語中卻又夾著濃厚的潮州腔，形成一種語言的特
殊風景。

甘霖宮周遭民居與街道

甘霖宮周遭民居

永靖多廣東饒平縣客家人，三山國王廟是日常信仰中心

參考資料

●專書 (依姓氏筆畫排列)

1. 王學新譯，《風港營所雜記》（南投市：臺灣文獻館，2003）。

2. 王良行總纂、詹素娟撰述，《金山鄉志：歷史篇》（臺北縣金山鄉：北縣金山鄉公所，2010）。

3. 王賢德著，《高雄市區里沿革圖誌》（高雄市：高市文獻會，2011）。

4. 江國樑，《續修恆春鎮志》（屏東縣恆春鎮：屏縣恆春鎮公所，2010）。

5. 朱尉良等撰述、國史館臺灣文獻館採集組編輯，《臺灣地名辭書・卷十二：臺中縣（二）》（南投市：國史館臺灣文獻館，2007）。

6. 林亞卿，《沙墩元長》（雲林縣斗六市：雲縣府，2005）。

7. 林聖欽等撰述、國史館臺灣文獻館採集組編輯，《臺灣地名辭書・卷十六：臺北縣（上冊）》（南投市：國史館臺灣文獻館，2013）。

8. 吳育臻撰述、臺灣省文獻委員會採集組編輯，《臺灣地名辭書・卷二十：嘉義市》，（南投市：省文獻會，1996年）。

9. 林聖欽等撰述、國史館臺灣文獻館採集組編輯，《臺灣地名辭書・卷十六：臺北縣（上冊）》（南投市：國史館臺灣文獻館，2013）。

10. 林聖欽等撰述、國史館臺灣文獻館採集組編輯，《臺灣地名辭書・卷十六，臺北縣（下冊）》（南投市：國史館臺灣文獻館，2013）。

11. 周浩治等撰，《新竹縣志續修：民國四十一年至八十年》（新竹縣竹北市：竹縣府，2008）。

12. 邱奕松纂修，《朴子市志》（嘉義縣朴子市：嘉縣朴子市公所，1998）。

13. 范明煥，《時間裡的空間格局文化的代言人─新竹縣溪北五鄉鎮市舊地名之研究》（臺北市：行政院客家委員會，2004）。

14. 洪敏麟，《臺灣地名沿革（再版）》（臺中縣：臺灣省政府新聞處，1985）。

15. 洪敏麟編著，《臺灣舊地名之沿革第一冊》（南投市：國史館臺灣文獻館，1980）。

16. 洪敏麟編著，《臺灣舊地名之沿革第二冊（上）》（南投市：國史館臺灣文獻館，1983）。

17. 洪敏麟編著，《臺灣舊地名之沿革第二冊（下）》（南投市：國史館臺灣文獻館，1984）。

18. 洪英聖，《情歸故鄉──臺灣地名探索（壹）總篇》（臺北市：時報文化，1995）。

19. 徐如林、楊南郡作，《浸水營古道：一條走過五百年的路》（臺北市：農委會林務局，2014）。

20. 唐羽撰著，《貢寮鄉志》（臺北縣貢寮鄉：北縣貢寮鄉公所，2004）。

21. 曹銘宗著、翁佳音指導顧問，《大灣大員福爾摩沙：從葡萄牙航海日誌、荷西地圖、清日文獻尋找台灣地名真相》（臺北市：貓頭鷹出版，2016）。

22. 陳美鈴撰述、國史館臺灣文獻館採集組編輯，《臺灣地名辭書・卷八：嘉義縣（上）》（南投市：臺灣文獻館；嘉義縣太保市：嘉義縣政府，2008）。

23. 陳國川等撰述、國史館臺灣文獻館採集組編輯，《臺灣地名辭書・卷九：雲林縣》（南投市：臺灣文獻館，2002）。

24. 張德水，《臺灣種族、地名、政治沿革（再版）》（臺北市：前衛，2002）。

25. 陸傳傑，《被誤解的臺灣老地名》（新北市：遠足文化，2014）。

26. 黃雯娟撰述、臺灣省文獻委員會採集組編輯，《臺灣地名辭書・卷一：宜蘭縣》（南投市：省文獻會，2000）。

27. 曾喜城總編纂，《枋山鄉志》（屏東縣枋山鄉：屏縣枋山鄉公所，2010）。

28. 葉爾建等撰述、國史館臺灣文獻館編輯，《臺灣地名辭書・卷十一：彰化縣》（南投市：臺灣文獻館，2004）。

29. 葉龍彥，《臺灣的老戲院》（臺北縣新店市：遠足文化，2004）。

30. 廖忠俊，《臺灣鄉鎮舊地名考釋》（臺北市：允晨，2008）。

31. 臺灣省文獻委員會採集組校，《臺北縣鄉土史料》（南投市：省文獻會，1997）。

32. 臺灣省文獻委員會採集組編校，《彰化縣鄉土史料》（南投市：省文獻會，1999）。

33. 臺灣省文獻委員會採集組編校，《花蓮縣鄉土史料》（南投市：省文獻會，1999）。

34. 臺灣省文獻委員會採集組編校，《嘉義縣鄉土史料》（南投市：省文獻會，2000）。
35. 蔡培慧、陳怡慧、陸傳傑，《圖說臺灣地名故事》（新北市：遠足文化，2013）。
36. 劉明怡等撰述、國史館臺灣文獻館採集組編輯，《臺灣地名辭書‧卷十四：新竹縣》（南投市：臺灣文獻館，2010）。
37. 賴志彰，《新竹縣鳳山溪沿岸客家人文地景之歷史變遷》（臺北市：行政院客家委員會，2003）。
38. 龍應台總編輯，《臺北市地名與路街沿革史》（臺北市：北市文獻會，2002）。
39. 謝翠玉總編輯，《臺北縣鄉土 DNA：人文歷史. 產業文化》（臺北市：文化總會，2006）。

●期刊論文（依姓氏筆畫排列）

1. 林素珍，〈阿美族遭逢外來政權的二個歷史事件〉《原住民委員會原住民文獻》，第 21 期（2015.06）。
2. 吳育臻，〈台灣日式地名的時空分布及其意涵〉《臺灣地名研究成果學術研討會論文集》（2008.07），頁 91-122。
3. 余光華，〈台灣的鹽業發展〉《科學發展》，第 457 期（2011.11），頁 80-83。
4. 陳佳穗，〈臺灣地名之神怪傳說研究〉，《桃園創新學報》，第 32 期（2012.12），頁 491-508。
5. 詹素娟，〈地域社群的概念與檢驗——以金包里社為例〉，《曹永和先生八十壽慶論文集》（2001.11），頁 63-80。
6. 廖倫光，〈虎尾寮的鄉土建築表現之研究〉，《弘光人文學報》第 15 期（2012.07），頁 183-204。
7. 蔡隆德，〈發現台灣－魍港沿革簡介（上）〉，《布袋嘴文化月刊》第 8 期（2008.01）。
8. 劉益昌，〈倒風內海的人群與土地〉，《台灣濕地雜誌》第 94 期（2014.10），頁 4-9。

●會議論文（依姓氏筆畫排列）

1. 洪敏麟等撰述、國史館臺灣文獻館採集組編輯，《臺灣地名研究成果學術研討會論文集》（南投市：臺灣文獻館，2008）。

●網路資料（依姓氏筆畫排列）

1. 2004 年台灣學校網界博覽會鄉土專題研究網站〈三百年前郁永河在大磺嘴的採硫故事〉：http://ppt.cc/D4GXl
2. 2009 台灣學校網界博覽會鄉土專題研究網站〈地名拼貼：鑑古知今－推思朴國前人生活舊貌〉：http://ppt.cc/LEn3o
3. lca.len，〈讀《近世臺灣鹿皮貿易考：青年曹永和的學術啟航》——動物與人關係的歷史性探察〉。關懷生命協會。2013 年 3 月 26 日，取自 http://ppt.cc/KfSeN
4. 中央研究院－郁永河《裨海紀遊》路線圖：http://ppt.cc/hUqIG
5. 中研院民族所數位典藏－吉貝耍：http://www.ianthro.tw/p/3864
6. 中華民國的書院－新北市大觀義學：http://academies.tpg.gov.tw/academy/20
7. 方克舟，〈吉貝耍部落——堅持傳統不只為傳承，更為被看見〉。台灣立報。2013 年 10 月 31 日，取自：http://ppt.cc/BDIyu
8. 五結鄉公所－利澤村：http://ilwct.e-land.gov.tw/cp.aspx?n=09CCE2B35EC388C1
9. 五結鄉公所－鄉名故事：http://ppt.cc/zW82l
10. 文化部臺灣社區通：http://ppt.cc/AFMmB
11. 文化部文化資產局：http://archive.is/1OPb#selection-1039.3-1039.290
12. 四湖鄉公所全球資訊網：http://ppt.cc/vhTPU

13. 北海岸及觀音山國家風景區－金山蹦火仔瞬間火焰捕魚秀：http://ppt.cc/RRsuI
14. 竹山鎮公所：http://ppt.cc/50PWD
15. 朴子市刺繡文化館：http://www.cihshiou.org.tw/about.html
16. 林清財，〈從歌謠看西拉雅族部落與族群〉。中央研究院民族學研究所數位典藏。取自：http://ppt.cc/FOpxF
17. 吉貝耍部落資訊網－植物影像：http://ppt.cc/z95l0
18. 地名資訊服務網：http://gn.moi.gov.tw/geonames/index.aspx
19. 好美國小全球資訊網－好美里社區沿革：http://ppt.cc/6N0b0
20. 西拉雅國家風景區管理處－吉貝耍阿立母夜祭：http://ppt.cc/gMzRq
21. 余炳盛，〈金瓜石礦區〉。臺灣地質知識服務網。取自：http://ppt.cc/hrsje。
22. 吳明義，〈阿美族奇拉雅山〉。臺灣原住民歷史語言文化大辭典。取自：http://ppt.cc/0LDPy。
23. 花蓮縣豐濱鄉公所：http://www.feng-bin.gov.tw/bin/home.php
24. 花蓮縣豐濱鄉公所－豐濱村：http://ppt.cc/KTmZh
25. 社團法人花蓮縣牛犁社區交流協會－壽豐鄉各村相關資訊。鹽寮村：http://ppt.cc/vZg42
26. 永靖鄉土資料研究集：http://ppt.cc/mzlKx
27. 東北角暨宜蘭海岸國家風景區－卯澳：http://ppt.cc/IbV8d
28. 東山區農會－東山區之由來與沿革：http://www.dongshan.org.tw/s1-1.php
29. 客家傳統建築影像數位典藏網－建築導覽。關西豫章堂羅屋書院：http://ppt.cc/P2ZBn
30. 屏東縣恆春鎮公所全球資訊網：http://ppt.cc/xDRgW
31. 屏東縣枋山鄉公所：http://ppt.cc/fxHsP
32. 原住民辭典－偕萬來：http://ppt.cc/bUpdk
33. 原住民族電視台－豐濱之最，大貓公部落因植物得名：http://ppt.cc/n5f3j
34. 高雄市鹽埕區公所－話說鹽埕：http://ppt.cc/Gd5b7
35. 陳健一，〈檢索湳仔溝的生命圖象〉。板橋‧瑞芳社區大學。取自 http://ppt.cc/SuCNo。
36. 陳佳利，〈地域限定～礦鄉猴硐〉。我們的島。2011 年 11 月 28 日，取自 http://ppt.cc/YUSHq。
37. 陳心瑜，〈湳仔溝整治花 10 億除不了臭〉。中時電子報。2016 年 6 月 23 日，取自 http://ppt.cc/x7phN。
38. 陳雍模，〈清代彰化永靖地區的開發〉。臺中教育大學。取自：http://ppt.cc/R7pbW
39. 陳俊哲，〈朴子編年史〉。臉書朴子郡@生活圈。2016 年 10 月 8 日，取自：http://ppt.cc/lNSwV。
40. 探溯淇武蘭特展：http://www.lym.gov.tw/kiwelan/
41. 黃俊平，〈外傘頂沙洲與東石潟湖〉。海洋臺灣。1999 年 5 月 5 號，取自：http://ppt.cc/l6F8Z。
42. 黃濬龍，〈「青峰闕」的確實位置〉。痞客邦臺灣史地大翻案。2009 年 5 月 7 日，取自：http://ppt.cc/MZzBX。
43. 新北市觀光旅遊網：http://tour.ntpc.gov.tw/
44. 新北市觀光旅遊網－馬崗潮間帶：http://ppt.cc/1BDLo
45. 新北市板橋區公所：http://www.banqiao.ntpc.gov.tw/
46. 新北市平溪區公所：http://www.pingxi.ntpc.gov.tw/
47. 新北市平溪區公所－地理環境：http://ppt.cc/kfVJA
48. 新北市貢寮區公所－關於貢寮：http://ppt.cc/ugxFJ
49. 新北市立黃金博物館－地名的由來：http://ppt.cc/fbhpr
50. 新北市立大觀國民中學枋橋建學踏查記：http://ppt.cc/DlmJS
51. 新竹縣政府文化局：http://ppt.cc/zmWgs
52. 農田水利入口網：http://ppt.cc/Itxde
53. 瑞芳區公所－侯硐貓村：http://ppt.cc/sYGl4
54. 瑞芳區公所－地形地質：http://ppt.cc/LFAlj
55. 楊政賢，〈阿美族年祭〉。臺灣原住民歷史語言文化大辭典。取自：http://ppt.cc/aGLDU。
56. 詹素娟，〈公廨〉。臺灣大百科全書。2009 年 10 月 30 日，取自：http://ppt.cc/8xHhZ

圖解台灣老地名

57. 嘉義縣布袋鎮公所：http://budai.cyhg.gov.tw/

58. 嘉義縣義竹鄉南興國民小學－學區介紹：http://ppt.cc/gbtMH

59. 臺灣原住民族資訊資源網：http://www.tipp.org.tw/index.asp

60. 臺灣原住民族資訊資源網－靜浦部落：http://ppt.cc/camq3

61. 臺灣原住民族資訊資源網－楓來部落：http://ppt.cc/WxQ8q

62. 臺灣原住民資訊資源網－吉貝耍部落：http://ppt.cc/uZi9r

63. 臺灣原住民族歷史語言文化大辭典－流流舊社：http://citing.hohayan.net.tw/

64. 臺灣原住民歷史語言文化大辭典－大港口事件：http://ppt.cc/62X4d

65. 臺灣原住民族歷史語言文化大辭典－知本部落：http://ppt.cc/YuO4H

66. 臺灣國家公園：http://ppt.cc/T2US6

67. 臺灣社區通－羅家書院老照片的救援與重生：http://ppt.cc/ifk6w

68. 臺北市鄉土教育中心：http://59.120.8.196/enable2007/

69. 臺北市北投區公所－地名沿革：http://ppt.cc/y9ET5

70. 臺中市梧棲區公所－走讀部落格．梧棲好所在：http://ppt.cc/0u76N

71. 臺中觀光旅遊網－梧棲港觀光漁市：http://ppt.cc/VfleJ

72. 臺南市東山區公所－歷史沿革介紹：http://ppt.cc/YBKek

73. 彰化縣永靖鄉公所：http://www.yungchin.gov.tw/page-39.html

74. 澎湖縣馬公市公所：http://ppt.cc/vIiKW

75. 蔡金鼎，〈尋找消逝的台中「港」，從水裡港到梧棲港、塗葛崛港〉。聯合新聞網。取自 http://udn.com/news/story/6964/1994360。

76. 樹德科技大學，〈高雄市鹽埕區歷史空間資源調查研究計畫〉。高雄市政府文化局，2006 年 8 月 18 日，取自：http://ppt.cc/VgrbG。

77. 雙溪區公所－牡丹里：http://ppt.cc/R3eW3

78. 關西鎮公所：http://www.guanxi.gov.tw/

79. 羅屋書院：http://www.lohouse.com.tw/aboutus.html